MANUAL PRÁTICO

- **Duração do Trabalho e Controle de Horário**
- **Registro Eletrônico de Ponto (REP)**
- **Sistema de Registro Eletrônico de Ponto (SREP)**
- **Disciplinamentos**

MARCO ANTÔNIO CÉSAR VILLATORE

Professor Titular do Doutorado em Direito da PUCPR e Professor da FACINTER. Ex-Presidente da Associação dos Advogados Trabalhistas do Paraná (2009/2011). Site: www.villatore.com

RONALD SILKA DE ALMEIDA

Advogado. Especialista em Direito do Trabalho e em Formação Pedagógica do Professor Universitário, ambos pela PUCPR. Professor da FACINTER. Membro de Diretoria da AATPR (2º tesoureiro). Mestrando nas Faculdades Integradas do Brasil — UniBrasil. Email: ronaldsilka@gmail.com

MANUAL PRÁTICO

- **Duração do Trabalho e Controle de Horário**
- **Registro Eletrônico de Ponto (REP)**
- **Sistema de Registro Eletrônico de Ponto (SREP)**
- **Disciplinamentos**

LTr 75

LTr
EDITORA LTDA.
© Todos os direitos reservados

Rua Jaguaribe, 571
CEP 01224-001
São Paulo, SP — Brasil

Fone (11) 2167-1101

LTr 4471.1
Setembro, 2011

Dados Internacionais de Catalogação na Publicação (CIP)
(Câmara Brasileira do Livro, SP, Brasil)

Villatore, Marco Antônio César
    Manual prático / Marco Antônio César Villatore, Ronald Silka de Almeida. — São Paulo : LTr, 2011.

Bibliografia.
ISBN 978-85-361-1931-1

1. Direito do trabalho 2. Direito do trabalho — Brasil I. Almeida, Ronald Silka de. II. Título.

11-09855   CDU-34:331(81)

Índice para catálogo sistemático:

1. Brasil : Direito do trabalho 34:331(81)

Sumário

Prefácio 9

1. Introdução 13
Duração do trabalho 13
1.1. Histórico 13
1.2. Fundamentos 15
1.3. Conceito 15
1.4. Duração do trabalho da mulher e do menor 15
1.5. Redução legal da duração do trabalho 16
1.6. Classificação da duração do trabalho 16
    1.6.1. Quanto à duração 16
    1.6.2. Quanto ao período 17
        1.6.2.1. Jornada diurna 17
        1.6.2.2. Jornada noturna 17
            1.6.2.2.1. Lei n. 5.889/73 — para o trabalho rural 18
            1.6.2.2.2. Jurisprudência 18
        1.7. Adicional noturno 18
    1.7.1. Jurisprudência 19
1.8. Horas *in itinere* 19
    1.8.1. Conceito 19
    1.8.2. Súmulas e Jurisprudência 19
1.9. Regime de tempo parcial 21
    1.9.1. Peculiaridades 21
1.10. Durações especiais de trabalho 22
    1.10.1. Jurisprudência e notícia 25

2. Horas extras 26
2.1. Acordo de prorrogação de horas 27
    2.1.1. Conceito 27
    2.1.2. Forma 27
    2.1.3. Cabimento 27
    2.1.4. Duração 28
    2.1.5. Distrato 28

2.1.6. Efeitos	28
2.1.7. Denúncia	28
2.1.8. Recusa do cumprimento do acordo pelo empregado	28
2.2. Sistema de compensação de horas	28
2.2.1. Conceito	28
2.2.2. Banco de horas	29
2.2.2.1. Conceito de "banco de horas"	29
2.3. Natureza das horas compensadas	30
2.3.1. Forma	30
2.3.2. Jurisprudência	30
2.3.3. Modelos de acordo de compensação	31
2.4. Horas extras nos casos de força maior ou para conclusão de serviços inadiáveis	33
2.4.1. Força maior	33
2.4.2. Serviços inadiáveis	33
2.5. Horas extras para a reposição de paralisações	34
2.6. Excluídos da proteção legal da jornada de trabalho	34
2.6.1. Conceito	34
2.6.2. Jurisprudência	34
2.7. Horas extras ilícitas	36
2.8. Jurisprudência e notícia sobre horas extras	36
2.9. Classificação dos adicionais sobre a jornada	39
2.10. Cursos fornecidos ou pagos pelo empregador	39
2.10.1. Jurisprudência	40
2.11. Turnos ininterruptos de revezamento	41
2.11.1. Jurisprudência e Súmulas sobre turno ininterrupto de revezamento	41
2.12. Salário-hora para o turno ininterrupto	42
2.12.1. Jurisprudência	43
2.13. Intervalos	43
2.13.1. Intervalo intrajornada	43
2.13.1.1. Requisitos para a redução do intervalo intrajornada	44
2.13.1.2. Orientações Jurisprudenciais, Súmulas e Jurisprudência sobre o intervalo intrajornada	44
2.13.2. Intervalo interjornada	46
2.13.2.1. Intervalo interjornada e suspensão do contrato individual de trabalho	46
2.13.2.2. Intervalo interjornada natureza salarial	47
2.13.3. Intervalos especiais	47
2.13.3.1. Súmulas, Orientações Jurisprudenciais, notícias	48

2.13.4. Repouso semanal remunerado	49
2.13.4.1. Fundamento histórico	49
2.13.4.2. Evolução da legislação do repouso semanal remunerado no Brasil	50
2.13.4.3. Aplicação do descanso semanal remunerado	50
2.13.4.4. Feriados e descanso semanal remunerado	51
2.13.4.5. Feriados nacionais	52
2.13.4.6. Carnaval	52
2.13.5. Jurisprudência	53
2.14. Prontidão e sobreaviso	53
2.14.1. Conceito de prontidão e aplicação	54
2.14.2. Conceito de sobreaviso e aplicação	54
2.14.2.1. Sobreaviso e utilização de bip, telefone celular e outros aparelhos de chamada	54
2.14.2.2. Súmulas, Orientações Jurisprudenciais e Jurisprudência	55
2.14.2.3. Normas diferenciadas que preveem o sobreaviso	55
2.15. Trabalho em regime 12x24, 12x36, 12x48 etc.	56
2.15.1. Requisitos para utilização de regime diferenciado	56
2.15.2. Validade ou não de documentos normativos coletivos e o princípio da proteção	57
2.15.3. Jurisprudência	58
2.16. Redução da jornada com diminuição do salário	60
2.16.1. Jurisprudência	60
2.16.2. Modelo para redução de jornada e alteração salarial	61
3. Quadro de Horário, Registro de Ponto e Sistema de Registro Eletrônico de Ponto (SREP)	62
3.1. Quadro de horário	62
3.2. Anotação do horário de trabalho no registro de empregados	62
3.3. Estabelecimentos com mais de 10 empregados — registros manuais, mecânicos ou eletrônicos — obrigatoriedade	62
3.3.1. Jurisprudência	63
3.4. Trabalho executado fora do estabelecimento	64
3.5. Registro de horário de trabalho, dispensa do uso de quadro de horário	64
3.5.1. Jurisprudência	64
3.6. Modelo de quadro de horário	65
3.7. Sistema de Registro Eletrônico de Ponto (SREP)	67
3.7.1. Registro fiel das marcações	67
3.7.2. Registrador Eletrônico de Ponto (REP)	67

3.7.3. Requisitos do Registrador Eletrônico de Ponto (REP) 68
3.7.4. Memória de Trabalho (MT) — dados a serem gravados 68
3.7.5. Memória de Registro de Ponto (MRP) — operações a serem gravadas de forma permanente 68
3.7.6. Funcionalidades do Registrador Eletrônico de Ponto (REP) 69
3.7.7. Campos do Registro de Marcação (MRP) e arquivo-fonte 70
3.7.8. Comprovante de registro de ponto do trabalhador 70
        3.7.8.1. Impressão 70
3.7.9. Parte técnica do Programa de Tratamento de Registro de Ponto 71
3.7.10. Procedimentos a serem adotados quanto a cadastro, registro e alteração do Registro Eletrônico de Ponto 71
3.7.11. Documentação técnica 71
3.7.12. Atestado técnico e termo de responsabilidade 71
        3.7.12.1. Utilização do Sistema (SREP) pelo empregador somente no caso de possuir os atestados 72
        3.7.12.2. Empregador usuário do Sistema (SREP) — cadastramento no Ministério do Trabalho e Emprego 72
3.7.13. Disponibilização do Registro Eletrônico de Ponto e programa de dados à fiscalização do trabalho 72
3.7.14. Órgãos técnicos, credenciamento, habilitação, suspensão, cancelamento e cassação 72
3.7.15. "Certificado de Conformidade do Registrador Eletrônico de Ponto à Legislação" — informações mínimas 73
3.7.16. Descaracterização e adulteração do controle eletrônico de jornada 73
3.7.17. Equipamentos importados 74
3.7.18. Vigência da Portaria 74
3.8. Suspensão da aplicação e utilização do Sistema Registrador Eletrônico de Ponto (SREP) 75

4. Legislação vigente 76

4.1. Constituição de 1988 (art. 7º) 76
4.2. Consolidação das Leis do Trabalho (arts. 57 a 75) 78
4.3. Lei n. 5.811, de 11 de outubro de 1972 82
4.4. Portaria MTE n. 1.095, de 20 de maio de 2010 84
4.5. Portaria n. 1.510, de 21 de setembro de 2009 85
    4.5.1. Portaria n. 1.510/09 — Anexo I — "Leiaute" dos arquivos 91
    4.5.2. Portaria n. 1.510/09 — Anexo II — Modelo do Relatório Espelho de Ponto ... 98
4.6. Portaria n. 1.987, de 18 de agosto de 2010 99

Bibliografia 101

Prefácio

Recebi a honrosa incumbência de prefaciar o livro dos Professores Marco Antônio César Villatore e Ronald Silka de Almeida e o faço com muita satisfação.

Trata-se de um manual prático que aborda três aspectos principais: a) a duração do trabalho; b) as horas extras; c) o quadro de horário, registro de ponto e sistema de registro eletrônico de ponto.

Os dicionários consignam que a palavra jornada, nas linguagens comum e jurídica, significa "o percurso feito num dia". Tal compreensão volta-se mais ao direito militar.

No direito do trabalho já se tornou corrente utilizar a expressão "jornada de trabalho", cujo sentido equivaleria ao "período de tempo, não excedente a 8 horas diárias, em que o empregado exerceu sua atividade laboral"[1].

No mesmo sentido, outro dicionário menciona que a jornada de trabalho é "a duração normal do trabalho para os empregados em qualquer atividade privada, não excedente de 8 horas diárias, desde que não seja por lei ou por convenção fixado outro limite, e em qualquer caso não excedente de 2 horas"[2].

O *caput* do artigo 58 da Consolidação das Leis do Trabalho menciona que a duração normal do trabalho, "para os empregados em qualquer atividade privada, não excederá de oito horas diárias, desde que não seja ficado expressamente outro limite"[3].

Para Valentin Carrion, "a jornada normal é o lapso de tempo durante o qual o empregado deve prestar serviço ou permanecer à disposição, com habitualidade, excluídas as horas extraordinárias"[4]. Esse autor também assevera que, nesse sentido amplo, "há uma 'jornada' normal diária e semanal"[5]. Esclarece, ainda, que ante "o limite imposto pela Carta Magna a diária é de 8 horas, limitada pela semanal, que é de 44 horas"[6].

Também em comentários à CLT, Sergio Pinto Martins considera como: a) jornada de trabalho o número de horas diárias de trabalho que o trabalhador presta à empresa; b) horário de trabalho o espaço de tempo em que o empregado

---

(1) DINIZ, Maria Helena. *Dicionário jurídico*. 2. ed. rev., atual. e aum. São Paulo: Saraiva, 2005. v. 3. p. 7.
(2) SIDOU, J. M. Othon. *Dicionário jurídico*. 3. ed. Rio de Janeiro: Forense Universitária, 1995. p. 428-429.
(3) COSTA, Armando Casimiro; FERRARI, Irany; MARTINS, Melchíades Rodrigues. *Consolidação das Leis do Trabalho*. 38. ed. São Paulo: LTr, 2011. p. 48.
(4) CARRION, Valentin. *Comentários à Consolidação das Leis do Trabalho*. 26. ed. atual. e ampl. por Eduardo Carrion. São Paulo: Saraiva, 2001. p. 99.
(5) *Idem, ibidem*. p. 99.
(6) *Idem*.

presta serviços ao empregador, contado do momento em que se iniciar até o seu término, não se computando, porém, o tempo de intervalo; c) duração do trabalho um aspecto mais amplo, podendo envolver as férias e o descanso semanal remunerado[7].

Por isso os autores desta obra preocupam-se em delimitar no capítulo primeiro o tema relacionado à duração do trabalho, envolvendo histórico, fundamentos, conceito, duração do trabalho da mulher e do menor, redução legal e classificação. Examinam, também, o adicional noturno, as horas *in itinere*, o regime de tempo parcial, as durações especiais de trabalho, bem como a jornada móvel e variável.

No segundo capítulo tratam, com profundidade, das horas extras, um dos aspectos mais importantes na relação empregado – empregador. Iniciam verificando o acordo de prorrogação de horas, passam pelo sistema de compensação, natureza das horas compensadas, horas extras nos casos de força maior ou para conclusão de serviços inadiáveis, horas extras para repor paralisação, examinando, depois, os excluídos da proteção legal da jornada de trabalho, as horas extras ilícitas, abarcando, ainda, a classificação dos adicionais, turnos ininterruptos, intervalos, prontidão e sobreaviso, trabalho em regime de 12x24, 12x36 e 12x48, bem como a redução da jornada com diminuição do salário.

No terceiro capítulo abordam o quadro de horário, registro de ponto e sistema de registro eletrônico de ponto. Por fim, no último capítulo, invocam a legislação vigente como respaldo ao trabalho apresentado.

Sem dúvida alguma, a obra possui um inegável conteúdo prático, por isso seu título *Manual Prático*. Alia, porém, densa fundamentação doutrinária e jurisprudencial para alicerçar o entendimento manifestado.

Destina-se, com certeza, a todos aqueles operadores do direito que desejam informações seguras sobre o tema duração do trabalho e controle de horário, desde juízes, advogados, procuradores do trabalho, estudantes, contadores e até mesmo aos servidores da Justiça do Trabalho, cuja atividade importante necessita de sólida fundamentação jurídica.

Percebe-se no livro uma clareza incomum no enfoque dos diversos aspectos da duração do trabalho, nem sempre vista em manuais desse tipo. Por essa razão é possível antever duas coisas desde logo: primeira, o sucesso de público, uma vez que preenche uma lacuna nesse particular; segunda, a necessidade de os autores prepararem outras obras nessa linha, examinando temas de grande complexidade na atividade juslaboralista com orientação prática, tais como as férias, o dano moral, o acidente de trabalho, os adicionais de insalubridade e periculosidade, dentre outros.

Os autores possuem uma qualidade rara em professores-autores: preocupam--se em fazer o leitor compreender imediatamente o sentido do que dizem e apontam soluções de ordem prática.

---

(7) MARTINS, Sergio Pinto. *Comentários à CLT*. 8. ed. São Paulo: Atlas, 2004. p. 100.

O Professor Marco Antônio César Villatore é Professor Doutor no Programa de Mestrado da Pontifícia Universidade Católica de Curitiba e exerce a advocacia no Estado do Paraná há algum tempo. Detém o título de Pós-Doutor em Direito pela UNIROMA II, *Tor Vergata* e de Doutor em Direito pela Universidade de Roma I, *La Sapienza*. Como ex-presidente da Associação dos Advogados Trabalhistas do Paraná debruçou-se na tarefa fundamental de unir a classe dos advogados trabalhistas. O Professor Villatore possui um talento invulgar para organizar Cursos, Seminários, Simpósios e Congressos, sejam eles municipais, estaduais ou mesmo nacionais e internacionais. Seus alunos (e seus amigos, como eu) o admiram pela magnífica afabilidade no trato, humildade, serenidade, facilidade em transmitir conhecimentos e congregar pessoas.

O jovem e talentoso advogado Ronald Silka de Almeida, mestrando atualmente, tem demonstrado grande qualificação nos trabalhos que realiza. Com certeza irá seguir os passos de seu coautor Professor Villatore. A sua colaboração nesta obra é prova disso.

Desejo aos autores-professores Villatore e Ronald que o livro tenha a receptividade merecida e que obtenha muitas reedições, pois o tema, no Brasil, como diversos outros de direito do trabalho, recebe todo ano novas interpretações e, sobretudo, modificações legislativas e de entendimento jurisprudencial.

Registro ao final deste prefácio a certeza de que o livro prático, o manual, tem espaço garantido entre os operadores de direito, seja no formato em papel, seja no modo eletrônico. Faltam, sempre, pessoas para transmitir experiência e conteúdo com o objetivo de auxiliar aqueles que buscam desenvolver suas atividades diariamente com maior segurança. Essas poucas pessoas (como Villatore e Ronald) são essenciais para nos mostrar, de forma prática, como praticar o Direito errando o menos possível.

Luiz Eduardo Gunther
Desembargador Federal do Trabalho
Diretor da Escola Judicial do TRT da 9ª Região
Professor do Centro Universitário Curitiba — UNICURITIBA
Membro da Academia Nacional de Direito do Trabalho

1. Introdução

Duração do Trabalho

Este trabalho tem por objetivo apresentar para os estudantes e profissionais da área do Direito, bem como de administração e organização de empresas, os principais aspectos e tópicos que envolvem a duração do trabalho.

Não é objetivo da obra esgotar por completo a matéria, pois este seria um trabalho hercúleo que levaria à elaboração de um tratado de diversos volumes sobre a duração do trabalho, razão pela qual se trata de um manual que, através de uma linguagem técnica, mas acessível, traz conceitos, históricos, exame de princípios, exemplos, notícias e jurisprudências, que analisam aspectos relacionados ao tema para que sejam utilizados no dia a dia dos trabalhadores, das empresas e dos profissionais da administração de pessoal.

1.1. Histórico

Durante um largo período da história da humanidade, a duração da jornada de trabalho não conheceu limites. Por muitos séculos, a sua delimitação era regida pelas leis naturais. As jornadas de "sol a sol"[1] conhecidas na Grécia, Roma e Idade Média não só possuíam a mesma duração, como o trabalho somente tinha interrupções em razão dos cultos ou festividades da comunidade.

Em período anterior à Revolução Industrial, inexistia regulamentação da duração da jornada de trabalho. A história registra apenas uma norma isolada, conhecida como Lei das Índias de 1593, que teve sua vigência na Espanha e que dispunha que a jornada de trabalho não poderia ultrapassar oito horas diárias.

Com o advento da Revolução Industrial, ocorreu uma universalização na fixação da jornada de trabalho:

---

(1) GOMES, Orlando. *Curso de direito do trabalho*. 1. ed. Rio de Janeiro: Forense, 1991. p. 337.

País/Organismo	Ano	Normas[2] [3]
Inglaterra	1847	Fixou a jornada em 10 (dez) horas.
França	1848	Fixou a jornada em 10 (dez) horas, para os que trabalhavam em Paris.
EUA	1868	Fixou a jornada em 8 (oito) horas, para os empregados federais.
Áustria	1885	Fixou a jornada em 10 (dez) horas.
Rússia	1887	Fixou a jornada em 10 (dez) horas.
Brasil	1891	Decreto, o qual vigorou apenas no Distrito Federal, dispunha que a jornada dos meninos era de 9 (nove) horas e das meninas, de 8 (oito) horas.
Austrália	1901	Fixou a jornada em 8 (oito) horas.
Chile	1908	Fixou a jornada em 8 (oito) horas, para os empregados estatais.
Cuba	1909	Fixou a jornada em 8 (oito) horas, para os empregados estatais.
Uruguai	1915	Fixou a jornada em 8 (oito) horas, para os empregados estatais.
OIT	1919	Convenção n. 1 — dispôs sobre a jornada de 8 (oito) horas e a semana de 48 (quarenta e oito) horas, com restrições ao trabalho extraordinário.
Brasil	1932	Decretos limitavam a jornada dos comerciários e industriários para 8 (oito) horas.
Brasil	1933	Ampliada a limitação da jornada para outras categorias de trabalhadores.
Brasil	1934	Fixada a jornada de 8 (oito) horas na Constituição para algumas categorias.
OIT	1935	Convenção n. 47 — dispõe sobre a semana de 40 (quarenta) horas.
Brasil	1940	A jornada de 8 (oito) horas foi unificada para todos os trabalhadores.
ONU (Paris)	1948	Declaração Universal dos Direitos do Homem — colocou que deve haver uma limitação razoável das horas de trabalho.
Brasil	1943	CLT fixa a jornada de trabalho através do art. 58. A duração normal do trabalho, para os empregados em qualquer atividade privada, não excederá de 8 (oito) horas diárias, desde que não seja fixado expressamente outro limite.
Brasil	1988	Constituição Federal de 1988 — art. 7º: Inciso XIII — Duração do trabalho normal não superior à 8 (oito) horas diárias e 44 (quarenta e quatro) semanais, facultada a compensação de horários e a redução da jornada, mediante acordo ou convenção coletiva de trabalho; XIV — Jornada de 6 (seis) horas para o trabalho realizado em turnos ininterruptos de revezamento, salvo negociação coletiva;

---

(2) JORGE NETO, Francisco Ferreira; CAVALCANTE, Jouberto de Quadros Pessoa. *Direito do trabalho*. T. I., 4. ed. Rio de Janeiro: Lumen Juris. 2008. p. 581.
(3) BARROS, Alice Monteiro de. *Curso de direito do trabalho*. 2. ed. São Paulo: LTr, 2006. p. 646.

1.2. Fundamentos

A limitação da jornada de trabalho tem como fundamentos a proteção do trabalho humano, e como objetivo primordial tutelar a integridade física do obreiro, evitando-lhe a fadiga[4].

Aliás, conforme cita Arnaldo Sussekind[5], são três os fundamentos que impõe limites à duração do trabalho:

> [...] a) *de natureza biológica*, porque elimina ou reduz os problemas psicofisiológicos oriundos da fadiga; b) *de caráter social*, por ensejar a participação do trabalhador em atividades recreativas, culturais ou físicas, propiciar-lhe a aquisição de conhecimentos e ampliar-lhe a convivência com a família; c) *de ordem econômica*, porquanto restringe o desemprego e aumenta a produtividade do trabalhador, mantendo-o efetivamente na população econômicamente ativa. (grifos nossos)

1.3. Conceito

Portanto, diante do histórico e dos fundamentos que envolvem a limitação da jornada de trabalho, pode-se conceituá-la como sendo: o espaço de tempo durante o qual o empregado deverá prestar serviço ou permanecer à disposição do empregador, com habitualidade, excetuadas as horas extras.

Como esclarece Amauri Mascaro Nascimento[6]: "jornada como medida do tempo de trabalho é o estudo dos critérios básicos destinados a esse fim, a saber, o que é e o que não é incluso no tempo de trabalho: o tempo efetivamente trabalhado, o tempo à disposição do empregador, o tempo "in itinere" e os intervalos para descanso e alimentação".

1.4. Duração do trabalho da mulher e do menor

Conforme preceitua o art. 373, da CTL, a duração do trabalho da mulher será de oito horas, exceto nos casos para os quais for fixada duração inferior.

Para o menor, assim considerado o trabalhador de quatorze até dezoito anos (art. 402, da CLT), devem ser observados os seguintes aspectos:

---

(4) *Idem.*
(5) SÜSSEKIND, Arnaldo. *Direito constitucional do trabalho*. Rio de Janeiro: Renovar, 1999. p. 195.
(6) NASCIMENTO, Amauri Mascaro. *Curso de direito do trabalho*: história e teoria geral do direito do trabalho: relações individuais e coletivas do trabalho. 21. ed. rev. e atual. São Paulo: Saraiva, 2006. p. 898.

a) É proibido qualquer trabalho a menores de dezesseis anos de idade, salvo na condição de aprendiz a partir dos quatorze anos (art. 403, CLT);

b) É vedado o trabalho noturno (art. 404, CLT);

c) É vedada a prorrogação da jornada diária do menor (art. 413, CLT), salvo o estipulado nos incisos I e II do referido artigo.

c.1) Inciso I — poderá ser prorrogada por até mais 2 (duas) horas, independentemente de acréscimo salarial, mediante convenção ou acordo coletivo, desde que o excesso de horas em um dia seja compensado com a diminuição em outro, sendo observado o limite de 44 (quarenta e quatro) horas semanais ou outro inferior fixado legalmente;

c.2) Inciso II — poderá ser prorrogada excepcionalmente, por motivo de força maior, até o máximo de 12 (doze) horas, com acréscimo salarial e desde que o trabalho do menor seja imprescindível ao funcionamento do estabelecimento.

1.5. Redução legal da duração do trabalho

A redução da jornada de trabalho se insere no aspecto de modificações objetivas do contrato de trabalho, haja vista o sentido protetor do Direito do Trabalho e os fundamentos inseridos no art. 468, da CLT. As alterações nas condições de trabalho somente são possíveis por mútuo consentimento e, ainda assim, desde que não resultem prejuízos ao trabalhador.

Partindo-se da premissa anterior, questiona-se se é possível ou não a redução legal da jornada. E se conclui que ela poderá ocorrer, se efetuada pelas partes, de comum acordo, por convenção coletiva e pela lei, conforme previsto na parte final do Inciso XIII, do art. 7º, da Constituição Federal, e, é claro, desde que não traga prejuízos ao empregado sob pena de sua nulidade.

1.6. Classificação da duração do trabalho

A jornada de trabalho se classifica:

1.6.1. Quanto à duração

Pode ser ordinária ou normal (que se desenvolve dentro dos limites estabelecidos pelas normas jurídicas); extraordinária ou suplementar (que ultrapassa os limites normais); limitada (quando há termo final para sua prestação) ou ilimitada (quando a lei não fixa um termo final); contínua (quando corrida, sem intervalos), descontínua (com intervalos) ou intermitente (quando possui sucessivas paralisações).

1.6.2. Quanto ao período

Pode ser: diurna ou noturna.

1.6.2.1. Jornada diurna

A jornada diurna aparentemente é aquela que se desenvolve sob a luz natural, em que pese a norma fixar o período como sendo aquele desenvolvido entre às 5h e 22h de um dia (art. 73, da CLT).

1.6.2.2. Jornada noturna

O conceito de jornada noturna está diretamente relacionado ao trabalho desenvolvido ante a ausência da luz natural, ou seja, está diretamente ligado ao "conceito de noite". Por óbvio, a legislação brasileira adota "uma ficção legal para estabelecer as fronteiras da aplicação das normas de proteção ao trabalho noturno"[7].

Conforme a norma ordinária, a jornada noturna é aquela que ocorre entre 22h de um dia e 5h do outro, observando que a hora noturna é de 52 minutos e 30 segundos (§ 1º, do art. 73, da CLT).

Observação: por convenção legal e de forma excepcional, para algumas categorias de trabalho a hora noturna continua sendo de 60 minutos.

OJ-SDI1-60: PORTUÁRIOS. HORA NOTURNA. HORAS EXTRAS. LEI N. 4.860/65, ARTS. 4º E 7º, § 5º. (nova redação em decorrência da incorporação da Orientação Jurisprudencial n. 61 da SBDI-1, DJ 20.4.05)

I — A hora noturna no regime de trabalho no porto, compreendida entre dezenove horas e sete horas do dia seguinte, é de sessenta minutos.

II — Para o cálculo das horas extras prestadas pelos trabalhadores portuários, observar-se-á somente o salário básico percebido, excluídos os adicionais de risco e produtividade. (ex-OJ n. 61 da SBDI-1 — inserida em 14.3.94)

Súmula n. 65, do TST: VIGIA (mantida) — Resolução n. 121/03, DJ 19, 20 e 21.11.2003. O direito à hora reduzida de 52 minutos e 30 segundos aplica-se ao vigia noturno.

Súmula n. 112, do TST: TRABALHO NOTURNO. PETRÓLEO (mantida) — Resolução n. 121/03, DJ 19, 20 e 21.11.2003. O trabalho noturno dos empregados nas atividades de exploração, perfuração, produção e refinação do petróleo, industrialização do xisto, indústria petroquímica e transporte de petróleo e seus derivados, por meio de dutos, é regulado pela Lei n. 5.811, de 11.10.1972, não se lhe aplicando a hora reduzida de 52 minutos e 30 segundos prevista no art. 73, § 2º, da CLT.

Observação: o texto da Lei n. 5.811/72, aplicável aos petroleiros, faz parte do apêndice de leis citadas no final deste manual.

---

(7) SÜSSEKIND, Arnaldo; MARANHÃO, Délio; VIANNA, Segadas. *Instituições de Direito do Trabalho*. vol. II. Rio de Janeiro: Freitas Bastos, 1981. p. 712.

1.6.2.2.1. Lei n. 5.889/73 — para o trabalho rural

A Lei n. 5.889/73 define horários diferenciados para o labor na lavoura e pecuária, haja vista a peculiaridade das atividades desenvolvidas:

Lavoura — das 21 horas de um dia às 5 horas do dia seguinte;

Pecuária — das 20 horas de um dia às 4 horas do dia seguinte.

Entretanto, conforme decisão do TST, não se aplica a redução da hora noturna para o rurícola:

> **RECURSO DE REVISTA. RURÍCOLA. HORA NOTURNA REDUZIDA. LEI N. 5.889/73.** O entendimento desta Corte Superior é de que a hora noturna do empregado rural é de 60 (sessenta) minutos, o que se compensa pela remuneração do período com adicional de 25%, previsto no parágrafo único do art. 7º da referida lei. Recurso de revista conhecido e provido, no particular. Processo: RR-213500-02.2004.5.15.0024. Data de julgamento: 28.10.2009. Relatora: Ministra Dora Maria da Costa. 8ª Turma. Data de divulgação: DEJT 3.11.2009.[8]

1.6.2.2.2. Jurisprudência

> **RECURSO DE REVISTA DA RECLAMADA. HORA NOTURNA REDUZIDA. ADICIONAL NOTURNO. PREVISÃO EM ACORDO COLETIVO DE TRABALHO.** Discute-se a possibilidade de que a hora noturna reduzida, prevista no § 1° do art. 73 da CLT como de 52 minutos e 30 segundos, seja flexibilizada para 60 minutos por meio de acordo coletivo de trabalho. Referida negociação é inválida, consoante tem-se posicionado esta Turma, na interpretação da mesma cláusula dissidial, porque transaciona sobre saúde e segurança no trabalho e, por isso mesmo, está infensa à negociação coletiva. Recurso de revista conhecido e não provido. Processo: RR--74000-83.2005.5.03.0099. Data de julgamento: 3.3.2010. Relatora: Ministra Dora Maria da Costa. 8ª Turma. Data de divulgação: DEJT 5.3.2010.[9]

1.7. Adicional noturno

O adicional noturno se trata de um acréscimo ao salário, com o intuito básico de: a) estimular o empregador a manter atividades que exijam a realização de tarefas em jornada noturna; e b) compensar o empregado em razão do esforço despendido na execução das tarefas neste período de jornada.

O "caput" do art. 73, da CLT, prevê que "o trabalho noturno terá remuneração superior à do diurno e, para esse efeito, sua remuneração terá um acréscimo de 20% (vinte por cento), pelo menos, sobre a hora diurna".

A Constituição Federal, no inciso IX, do art. 7º, determina que: "remuneração do trabalho noturno é superior à do diurno".

---

(8) Disponível em: <www.tst.jus.gov.br>. Acesso em: 6. set. 2010.
(9) Disponível em: <http://aplicacao.tst.jus.br/consultaunificada2/jurisSearch.do>. Acesso em: 6. set. 2010.

Portanto, em face do Direito positivo brasileiro, percebe-se que o trabalho noturno sempre terá remuneração superior à do igual cargo no período diurno.

1.7.1. Jurisprudência

Súmula n. 60, do TST: ADICIONAL NOTURNO. INTEGRAÇÃO NO SALÁRIO E PRORROGAÇÃO EM HORÁRIO DIURNO (incorporada a Orientação Jurisprudencial n. 6 da SBDI-1) — Resolução n. 129/05, DJ 20, 22 e 25.4.2005. I — O adicional noturno, pago com habitualidade, integra o salário do empregado para todos os efeitos. (ex-Súmula n. 60 — RA 105/74, DJ 24.10.1974) II — Cumprida integralmente a jornada no período noturno e prorrogada esta, devido é também o adicional quanto às horas prorrogadas. Exegese do art. 73, § 5º, da CLT. (ex-OJ n. 6 da SBDI-1 — inserida em 25.11.1996)

Súmula n. 140, do TST: VIGIA (mantida) — Resolução n. 121/03, DJ 19, 20 e 21.11.2003. É assegurado ao vigia sujeito ao trabalho noturno o direito ao respectivo adicional (ex-Prejulgado n. 12).

Súmula n. 265, do TST: ADICIONAL NOTURNO. ALTERAÇÃO DE TURNO DE TRABALHO. POSSIBILIDADE DE SUPRESSÃO (mantida) — Resolução n. 121/03, DJ 19, 20 e 21.11.2003. A transferência para o período diurno de trabalho implica a perda do direito ao adicional noturno.

1.8. Horas *in itinere*

1.8.1. Conceito

O referido instituto está inserido no texto dos §§ 2º e 3º do art. 58, da CLT, e decorre do fundamento constante do art. 4º do texto consolidado de que todo o tempo em que o empregado permanecer à disposição do empregador compõe a jornada de trabalho.

Porém, essas horas "in itinere", que dizem respeito ao tempo despendido pelo empregado até o local de trabalho e para o seu retorno, por qualquer meio de transporte, não serão computadas na jornada de trabalho, salvo quando, tratando-se de local de difícil acesso ou não servido por transporte público, o empregador fornecer a condução.

Poderão ser fixadas para as microempresas e empresas de pequeno porte, por meio de acordo ou convenção coletiva, em caso de transporte fornecido pelo empregador, em local de difícil acesso ou não servido por transporte público, o tempo médio despendido pelo empregado, bem como a forma e a natureza da remuneração.

1.8.2. Súmulas e Jurisprudência

Súmula n. 90, do TST: HORAS *IN ITINERE*. TEMPO DE SERVIÇO. (RA 80/78, DJ 10.11.1978. Nova redação em decorrência da incorporação das Súmulas ns. 324 e 325 e das Orientações Jurisprudenciais ns. 50 e 236 da SDI-1 — Resolução n. 129/05, DJ 20.4.2005).

I — O tempo despendido pelo empregado, em condução fornecida pelo empregador, até o local de trabalho de difícil acesso, ou não servido por transporte público regular, e para o seu retorno é computável na jornada de trabalho. (ex-Súmula n. 90 — RA 80/78, DJ 10.11.1978)

II — A incompatibilidade entre os horários de início e término da jornada do empregado e os do transporte público regular é circunstância que também gera o direito às horas *in itinere*. (ex-OJ n. 50 — Inserida em 1º.2.1995)

III — A mera insuficiência de transporte público não enseja o pagamento de horas *in itinere*. (ex-Súmula n. 324 — RA 16/93, DJ 21.12.1993)

IV — Se houver transporte público regular em parte do trajeto percorrido em condução da empresa, as horas *in itinere* remuneradas limitam-se ao trecho não alcançado pelo transporte público. (ex-Súmula n. 325 — RA 17/93, DJ 21.12.1993)

V — Considerando que as horas *in itinere* são computáveis na jornada de trabalho, o tempo que extrapola a jornada legal é considerado como extraordinário e sobre ele deve incidir o adicional respectivo. (ex-OJ n. 236 — Inserida em 20.6.2001)

Súmula n. 320, do TST — HORAS *IN ITINERE*. OBRIGATORIEDADE DE CÔMPUTO NA JORNADA DE TRABALHO (Resolução n. 12/93, DJ 29.11.1993) O fato de o empregador cobrar, parcialmente ou não, importância pelo transporte fornecido, para local de difícil acesso ou não servido por transporte regular, não afasta o direito à percepção das horas *in itinere*.

Horas *in itinere* podem ser fixadas em norma coletiva

RECURSO DE REVISTA. HORAS *IN ITINERE*. PREVISÃO EM NORMA COLETIVA DE PAGAMENTO DE VALOR FIXO. PERÍODO POSTERIOR À LEI N. 10.243/01. POSSIBILIDADE. AFRONTA AO ART. 7º, INCISO XXVI, DA CONSTITUIÇÃO FEDERAL. Ainda que o art. 58 da CLT, com a redação que lhe foi conferida pela Lei n. 10.243/01, tenha fixado as horas *in itinere* no rol das garantias asseguradas ao trabalhador relativamente à jornada de trabalho, não estabelece critérios objetivos para a apuração do referido tempo despendido. Constata-se, portanto, que é lícita a fixação, por norma coletiva, do pagamento de valor fixo a título de horas *in itinere*, pois o estabelecido decorre de concessões mútuas firmadas no âmbito da referida negociação, o que não se contrapõe ao disposto no art. 58, § 2º, da CLT. Decisão em sentido contrário importa em violação do art. 7º, inciso XXVI, da Constituição Federal, entendimento que encontra respaldo em decisões desta Corte, compiladas por meio da Relação de Temas não Convertidos em OJ, sob o n. TDD1-157. Recurso de Revista parcialmente conhecido e provido. Processo: RR-32900-09.2006.5.15.0026. Data de julgamento: 23.6.2010. Relatora: Ministra Maria de Assis Calsing. 4ª Turma. Data de divulgação: DEJT 6.8.2010.[10]

RECURSO DE EMBARGOS INTERPOSTO SOB A ÉGIDE DA LEI N. 11.496/07 — HORAS EXTRAORDINÁRIAS — EMPREGADO NÃO ENQUADRADO NA EXCEÇÃO DO ART. 62 DA CLT — VIAGENS PARA CIDADES ESTRANHAS AO LOCAL DE TRABALHO E FORA DA JORNADA — TEMPO DE ESPERA EM AEROPORTOS E EM AERONAVES E DE DESLOCAMENTOS PARA HOTÉIS — DESCARACTERIZAÇÃO DAS HORAS *IN ITINERE*. A jornada excedente de empregado não enquadrado na exceção do art. 62 da CLT, despendida em viagens a serviço para cidades estranhas ao local de trabalho, em que permanece aguardando o embarque e desembarque de aeronaves, traslado de ida e volta para aeroportos e hotéis, não se confunde com as horas *in itinere* de que cogita a Súmula n. 90 do Tribunal Superior do Trabalho, posteriormente incorporada ao § 2º do art. 58 da CLT, sendo regulada pelo comando do art. 4º da CLT, que estabelece: -Considera-se como de serviço efetivo o período em que o empregado esteja à disposição do empregador, aguardando ou executando ordens, salvo disposição especial

---

(10) Disponível em: <http://aplicacao.tst.jus.br/consultaunificada2/>. Acesso em: 11. set. 2010.

expressamente consignada-. Não resta dúvida de que o período em discussão, alusivo às viagens do empregado, deve ser considerado tempo à disposição do empregador, nos exatos termos do art. 4º da CLT, sendo irrelevante verificar se o local de prestação de serviços é ou não de difícil acesso. As viagens realizadas pelo empregado decorrem, naturalmente, das necessidades do serviço e das correspondentes determinações emanadas do empregador e, como tal, enquadram-se no comando normativo do aludido art. 4º da CLT, devendo ser remuneradas de forma extraordinária quando efetuadas fora do horário normal de trabalho, em efetiva sobrejornada. Recurso de embargos conhecido e provido. Processo: E-ED-RR-78000-31.2005.5.10.0003. Data de julgamento: 17.6.2010. Relator: Ministro Luiz Philippe Vieira de Mello Filho. Subseção I Especializada em Dissídios Individuais. Data de divulgação: DEJT 6.8.2010.[11]

Horas *in itinere* — trajeto interno da empresa

RECURSO DE REVISTA DA RECLAMADA. DIFERENÇAS SALARIAIS DECORRENTES DE ACORDO COLETIVO. PRESCRIÇÃO TOTAL. ATO ÚNICO. INOCORRÊNCIA. Em se tratando de direitos oriundos de normas coletivas, ou seja, resultado da autocomposição das partes, não tem pertinência a Súmula n. 294 do TST, para alegar prescrição total do pedido de diferenças salariais, porque referido verbete alude à manifestação de vontade unilateral do empregador, no exercício do seu poder diretivo. Recurso de revista não conhecido. **RECURSO DE REVISTA DO RECLAMANTE. HORAS *IN ITINERE*. TRAJETO INTERNO. PORTARIA AO LOCAL DE TRABALHO.** A jurisprudência desta Corte Superior tem-se firmado pela aplicação analógica da Orientação Jurisprudencial Transitória n. 36 da SBDI-1 para considerar o tempo despendido pelo trabalhador entre a portaria da empresa e o efetivo local de trabalho como horas *in itinere*, por caracterizar tempo à disposição do empregador. Precedentes da SBDI-1 e de Turmas. Recurso de revista conhecido e provido. Processo: RR-291200-95.2003.5.02.0462. Data de julgamento: 18.11.2009. Relatora: Ministra Dora Maria da Costa. 8ª Turma. Data de divulgação: DEJT 27.11.2009.[12]

1.9. Regime de tempo parcial

Medida criada com a finalidade de incentivar a criação de postos de trabalho, bem como a permanência no mercado de trabalho de pessoas oneradas com encargos familiares[13]. O regime de tempo parcial foi inserido na CLT através da Medida Provisória n. 2.164-41, de 24.8.2001, que acrescentou o art. 58-A.

1.9.1. Peculiaridades

Para a realização do regime de trabalho de tempo parcial, é essencial que a duração de trabalho não exceda 25 horas.

O salário a ser pago aos trabalhadores será proporcional à sua jornada, em relação aos que exercem as mesmas funções em regime de tempo integral (art. 58-A, § 1º, CLT).

---

(11) Disponível em: <http://aplicacao.tst.jus.br/consultaunificada2/jurisSearch.do>. Acesso em: 6. set. 2010.
(12) Disponível em: <http://aplicacao.tst.jus.br/consultaunificada2/jurisSearch.do>. Acesso em: 6. set. 2010.
(13) BARROS, Alice Monteiro de. *Curso de direito do trabalho*, p. 660.

Para a adoção do regime de tempo parcial pelos empregados "atuais" (art. 58-A, § 2º, CLT), os contratados pelo regime de tempo integral (art. 7º, XIII, CF 1988), pressupõe a opção manifestada perante a empresa, na forma prevista em instrumento decorrente de negociação coletiva (acordo coletivo ou convenção coletiva).

Os empregados que estiverem sob o regime de tempo parcial não poderão prestar horas extras (art. 59, § 4º, CLT).

1.10. Durações especiais de trabalho

Em razão das atividades desenvolvidas, inúmeros são os trabalhadores cuja jornada de trabalho possui um tratamento diferenciado "especial"; entre estes, citamos algumas categorias:

Atividade	Norma	Jornada
Advogado	Lei n. 8.906/94, art. 20, § 2º	Para o advogado empregado, no exercício da profissão, não poderá exceder a duração diária de 4 (quatro) horas contínuas e 20 (vinte) horas semanais, salvo acordo ou convenção coletiva ou ainda em caso de dedicação exclusiva.
Aeronauta	Lei n. 7.183/84, arts. 20 a 24	Art. 21. A duração da jornada de trabalho do aeronauta será de: a) 11 (onze) horas, se integrante de uma tripulação mínima ou simples; b) 14 (quatorze) horas, se integrante de uma tripulação composta; e c) 20 (vinte) horas, se integrante de uma tripulação de revezamento. Art. 22, § 2º. Para as tripulações simples, o trabalho noturno não excederá 10 (dez) horas.
Artista	Lei n. 6.533/78, art. 21	I — Radiodifusão, fotografia e gravação: 6 (seis) horas diárias, com limitação de 30 (trinta) horas semanais; II — Cinema, inclusive publicitário, quando em estúdio: 6 (seis) horas diárias; III — Teatro: a partir de estreia do espetáculo terá a duração das sessões, com 8 (oito) sessões semanais; IV — Circo e variedades: 6 (seis) horas diárias, com limitação de 36 (trinta e seis) horas semanais; V — Dublagem: 6 (seis) horas diárias, com limitação de 40 (quarenta) horas semanais. § 1º O trabalho prestado além das limitações diárias ou das sessões semanais previstas neste art. será considerado extraordinário, aplicando-se-lhe o disposto nos arts. 59 a 61 da Consolidação das Leis do Trabalho. § 2º A jornada normal será dividida em 2 (dois) turnos, nenhum dos quais poderá exceder 4 (quatro) horas, respeitado o intervalo previsto na Consolidação das Leis do Trabalho. § 3º Nos espetáculos teatrais e circenses, desde que

Atividade	Norma	Jornada
		sua natureza ou tradição o exijam, o intervalo poderá, em benefício do rendimento artístico, ser superior à 2 (duas) horas. § 4º Será computado como trabalho efetivo o tempo em que o empregado estiver à disposição do empregador, a contar de sua apresentação no local de trabalho, inclusive o período destinado a ensaios, gravações, dublagem, fotografias, caracterização e todo aquele que exija a presença do Artista, assim como o destinado à preparação do ambiente, em termos de cenografia, iluminação e montagem de equipamento. § 5º Para o Artista, integrante de elenco teatral, a jornada de trabalho poderá ser de 8 (oito) horas, durante o período de ensaio, respeitado o intervalo previsto na Consolidação das Leis do Trabalho.
Atleta	Lei n. 9.615/78 Lei Pelé	Conforme o texto legal, as normas a respeito de limitação de horas semanais não são aplicadas aos atletas profissionais, em face da peculiaridade das atividades. Art. 28. A atividade do atleta profissional, de todas as modalidades desportivas, é caracterizada por remuneração pactuada em contrato formal de trabalho firmado com entidade de prática desportiva, pessoa jurídica de direito privado, que deverá conter, obrigatoriamente, cláusula penal para as hipóteses de descumprimento, rompimento ou rescisão unilateral. § 1º Aplicam-se ao atleta profissional as normas gerais da legislação trabalhista e da seguridade social, ressalvadas as peculiaridades expressas nesta Lei ou integrantes do respectivo contrato de trabalho.
Assistente social	Lei n. 12.317/10 (DOU 27.8.2010)	Art. 5º-A. A duração do trabalho do Assistente Social é de 30 (trinta) horas semanais.
Bancários	CLT, art. 224	A duração normal do trabalho dos empregados em bancos, casas bancárias e Caixa Econômica Federal será de 6 (seis) horas contínuas nos dias úteis, com exceção dos sábados, perfazendo um total de 30 (trinta) horas de trabalho por semana.
Cabineiros de elevadores	Lei n. 3.270/57	Art. 1º É fixado em 6 (seis) o número de horas de trabalho diário dos cabineiros de elevador.
Das equipagens das embarcações da marinha mercante nacional, de navegação fluvial e lacustre, do tráfego nos portos e da pesca	CLT, arts. 248 e 249	Art. 248. Entre as horas 0 (zero) e 24 (vinte e quatro) de cada dia civil, o tripulante poderá ser conservado em seu posto durante 8 (oito) horas, quer de modo contínuo, quer de modo intermitente. § 1º A exigência do serviço contínuo ou intermitente ficará a critério do comandante e, neste último caso, nunca por período menor que 1 (uma) hora. § 2º Os serviços de quarto nas máquinas, passadiço, vigilância e outros que, consoante parecer médico, possam prejudicar a saúde do tripulante serão

Atividade	Norma	Jornada
		executados por períodos não maiores e com intervalos não menores de 4 (quatro) horas. Art. 249. Todo o tempo de serviço efetivo, excedente de 8 (oito) horas, ocupado na forma do artigo anterior, será considerado de trabalho extraordinário, sujeito à compensação a que se refere o art. 250, exceto se se tratar de trabalho executado.
Jornalistas profissionais	CLT, art. 303	Art. 303. A duração normal do trabalho dos empregados compreendidos nesta Seção não deverá exceder de 5 (cinco) horas, tanto de dia como à noite.
Médicos	Lei n. 3.999/61, art. 8º	a) para médicos, no mínimo de 2 (duas) horas e no máximo de 4 (quatro) horas diárias; b) para os auxiliares, será de 4 (quatro) horas diárias.
Músicos	CLT, art. 232	Será de 6 (seis) horas a duração de trabalho dos músicos em teatro e congêneres.
Operadores cinematográficos	CLT, art. 234	A duração normal do trabalho dos operadores cinematográficos e seus ajudantes não excederá de 6 (seis) horas diárias, assim distribuídas: a) 5 (cinco) horas consecutivas de trabalho em cabina, durante o funcionamento cinematográfico; b) 1 (um) período suplementar, até o máximo de 1 (uma) hora para limpeza, lubrificação dos aparelhos de projeção ou revisão de filmes.
Professores	CLT, art. 318	Art. 318. Num mesmo estabelecimento de ensino não poderá o professor dar, por dia, mais de 4 (quatro) aulas consecutivas, nem mais de 6 (seis) intercaladas.
Radialista	Lei n. 6.515/78, art. 18	I — 5 (cinco) horas para os setores de autoria e de locução; II — 6 (seis) horas para os setores de produção, interpretação, dublagem, tratamento e registros sonoros, tratamento e registros visuais, montagem e arquivamento, transmissão de sons e imagens, revelação e copiagem de filmes, artes plásticas e animação de desenhos e objetos e manutenção técnica; III — 7 (sete) horas para os setores de cenografia e caracterização, deduzindo-se desse tempo 20 (vinte) minutos para descanso, sempre que se verificar um esforço contínuo de mais de 3 (três) horas; IV — 8 (oito) horas para os demais setores.
Telefonia e Telegrafia	CLT, art. 227	Nas empresas que exploram o serviço de telefonia, telegrafia submarina ou subfluvial, de radiotelegrafia ou de radiotelefonia, fica estabelecida para os respectivos operadores a duração máxima de 6 (seis) horas contínuas de trabalho por dia ou 36 (trinta e seis) horas semanais.
Do trabalho em minas no subsolo	CLT, art. 293	Art. 293. A duração normal do trabalho efetivo para os empregados em minas no subsolo não excederá 6 (seis) horas diárias ou 36 (trinta e seis) semanais.

1.10.1. Jurisprudência e notícia

Técnico de radiologia — Justiça reconhece carga horária de 24 horas semanais

A 2ª CÂMARA DE DIREITO PÚBLICO DO TRIBUNAL DE JUSTIÇA CONFIRMOU SENTENÇA DA COMARCA DE SÃO BENTO DO SUL, PARA RECONHECER O DIREITO DE TRÊS TÉCNICOS DE RADIOLOGIA A CUMPRIREM CARGA HORÁRIA DE 24 HORAS SEMANAIS. A 2ª Câmara de Direito Público do Tribunal de Justiça confirmou sentença da Comarca de São Bento do Sul, para reconhecer o direito de três técnicos de radiologia a cumprirem carga horária de 24 horas semanais. Os servidores públicos municipais Adilson Veiga, Jorge Luis Carvalho Pinto e Paulo Sérgio Gonçalves de Paula ajuizaram ação ordinária contra o Município quando, em 2007, foram comunicados que a carga horária seria de 40 horas semanais e, caso a desrespeitassem, seria configurada falta funcional. No processo, o poder público confirmou a obrigatoriedade das 40 horas semanais, tendo em vista os editais dos concursos públicos aos quais os técnicos se submeteram. Acrescentou, também, que a jornada de 24 horas restringe-se à operação do raio X em si, sendo o restante da carga horária cumprido com atividades correlatas ao cargo. O relator do processo, desembargador substituto Ricardo Roesler, explicou que a jornada de trabalho exigida deve ser aquela prevista na legislação própria que disciplina a profissão — Lei n. 7.394/85 e Decreto n. 92.790/86. "A Lei federal que regulamenta a atividade do técnico em radiologia no âmbito nacional, ainda que ausente a respectiva lei estadual, a sua incidência não viola o princípio da autonomia garantida em favor do ente federado", afirmou. A decisão também condenou o Município ao pagamento das horas extras e do adicional de periculosidade no percentual de 40%. A decisão foi unânime. Fonte: TJSC, em 13.8.10 — Apelação Cível n. 2009.054966-4.[14]

---

(14) Disponível em: <http://www.tjsc.jus.br>. Acesso em: 11 set. 2010.

2. HORAS EXTRAS

Horas extras são aquelas que ultrapassam a jornada normal fixada por lei, convenção coletiva, sentença normativa ou contrato individual de trabalho, ou seja, conforme explica Arnaldo Süssekind[15]: "toda vez que o empregado prestar serviços ou permanecer à disposição da empresa, após esgotar-se a jornada normal de trabalho, seja em virtude de acordo escrito ou de instrumento da negociação coletiva, seja nos casos previstos em lei, por determinações do empregador – haverá trabalho extraordinário ou suplementar".

Complementando a ideia, como define Valentin Carrion[16], horas extras são aquelas que:

> [...] trabalhadas além da jornada normal de cada empregado, comum ou reduzida; é o caso do bancário que trabalhe sete horas; ou do comerciário que pactue e trabalhe apenas quatro horas por dia, a quinta hora já será extra; de outro modo, o empregador podia contratar jornada inferior habitual, convocando o empregado a trabalhar oito horas, apenas quando lhe conviesse, sem garantir-lhe salário de oito horas. Mesmo sem ultrapassar a jornada normal, são consideradas horas extraordinárias as que se trabalham em dia útil quando o empregado não tem obrigação de fazê-lo (ex.: bancário, no sábado).

As horas extras habituais, assim consideradas aquelas prestadas de forma constante, se incorporam à remuneração do empregado, consoante Súmulas do TST[17] a seguir transcritas:

Súmula n. 24, do TST: SERVIÇO EXTRAORDINÁRIO (mantida) — Resolução n. 121/03, DJ 19, 20 e 21.11.2003. Insere-se no cálculo da indenização por antiguidade o salário relativo a serviço extraordinário, desde que habitualmente prestado.

Súmula n. 45, do TST: SERVIÇO SUPLEMENTAR (mantida) — Resolução n. 121/03, DJ 19, 20 e 21.11.2003. A remuneração do serviço suplementar, habitualmente prestado, integra o cálculo da gratificação natalina prevista na Lei n. 4.090, de 13.7.1962.

---

(15) SÜSSEKIND, Arnaldo. *Direito constitucional do trabalho*, p. 702.
(16) CARRION, Valentin. *Comentários à Consolidação das Leis do Trabalho*. São Paulo: Saraiva, 2003. p. 103-104.
(17) Disponível em: <http://www.tst.gov.br/jurisprudencia/Livro_Jurisprud/livro_html_atual.html #Sumulas>. Acesso em: 12 set. 2010.

Súmula n. 63, do TST: FUNDO DE GARANTIA (mantida) — Resolução n. 121/03, DJ 19, 20 e 21.11.2003. A contribuição para o Fundo de Garantia do Tempo de Serviço incide sobre a remuneração mensal devida ao empregado, inclusive horas extras e adicionais eventuais.

Súmula n. 172, do TST: REPOUSO REMUNERADO. HORAS EXTRAS. CÁLCULO (mantida) — Resolução n. 121/03, DJ 19, 20 e 21.11.2003. Computam-se no cálculo do repouso remunerado as horas extras habitualmente prestadas. (ex-Prejulgado n. 52).

Súmula n. 291, do TST: HORAS EXTRAS (mantida) — Resolução n. 121/03, DJ 19, 20 e 21.11.2003. A supressão, pelo empregador, do serviço suplementar prestado com habitualidade, durante pelo menos 1 (um) ano, assegura ao empregado o direito à indenização correspondente ao valor de 1 (um) mês das horas suprimidas para cada ano ou fração igual ou superior a seis meses de prestação de serviço acima da jornada normal. O cálculo observará a média das horas suplementares efetivamente trabalhadas nos últimos 12 (doze) meses, multiplicada pelo valor da hora extra do dia da supressão.

Súmula n. 340, do TST: COMISSIONISTA. HORAS EXTRAS (nova redação) — Resolução n. 121/03, DJ 19, 20 e 21.11.2003. O empregado, sujeito a controle de horário, remunerado à base de comissões, tem direito ao adicional de, no mínimo, 50% (cinquenta por cento) pelo trabalho em horas extras, calculado sobre o valor-hora das comissões recebidas no mês, considerando-se como divisor o número de horas efetivamente trabalhadas.

Súmula n. 347, do TST: HORAS EXTRAS HABITUAIS. APURAÇÃO. MÉDIA FÍSICA (mantida) — Resolução n. 121/03, DJ 19, 20 e 21.11.2003. O cálculo do valor das horas extras habituais, para efeito de reflexos em verbas trabalhistas, observará o número de horas efetivamente prestadas e a ele aplica-se o valor do salário-hora da época do pagamento daquelas verbas.

2.1. Acordo de prorrogação de horas

2.1.1. Conceito

Acordo de prorrogação de horas significa, em primeiro lugar, o ajuste de vontade entre empregado e empregador, tendo por fim legitimar a prorrogação da jornada normal; em segundo lugar, o documento escrito através do qual se materializa a vontade das partes, para o fim acima mencionado.

2.1.2. Forma

A forma jurídica do acordo é escrita, e se individual basta um documento assinado pelo empregado expressando a sua concordância em fazer horas extras; em se tratando de ajustes entre sindicatos e empresas, a forma será a convenção coletiva ou o acordo coletivo.

2.1.3. Cabimento

É cabível para todo empregado, como regra geral; todavia, há exceções que devem ser respeitadas. O fundamento legal é a CLT, art. 59, que declara que a duração normal do trabalho poderá ser acrescida de horas suplementares, em número não excedente de duas, mediante acordo escrito entre empregador e empregado, ou mediante convenção coletiva de trabalho.

2.1.4. Duração

O acordo é um contrato; se é a prazo (determinado), sua duração terminará com o termo final previsto entre as partes; se sem prazo (indeterminado), sua eficácia estender-se-á durante toda a relação de emprego.

2.1.5. Distrato

Sendo de natureza contratual, pode ser desfeito pelos mesmos meios com os quais se constituiu, ou seja, o distrato, ato bilateral que deve ser expresso.

2.1.6. Efeitos

Os efeitos do acordo são *salariais*, isto é, a obrigação do pagamento de adicional de horas extras de pelo menos 50% (CRFB, art. 7º), e *materiais*, isto é, a faculdade, que dele resulta para o empregador e a correspondente obrigação assumida pelo empregado, de ser desenvolvido o trabalho prorrogado por até 2 (duas) horas.

2.1.7. Denúncia

É o ato pelo qual uma das partes da relação de emprego dá ciência à outra da sua decisão de não mais continuar cumprindo os termos de uma obrigação estipulada; no caso do acordo de prorrogação de horas extras, denúncia é a comunicação que uma das partes faz à outra, dando ciência de que não pretende mais o prosseguimento do acordo, para o fim de limitação do trabalho às horas normais.

2.1.8. Recusa do cumprimento do acordo pelo empregado

Os efeitos da recusa o sujeitam à mesma disciplina de todo o contrato de trabalho; com o acordo, ele obriga-se a fazê-las quando convocado.

2.2. Sistema de compensação de horas

2.2.1. Conceito

O sistema de compensação de horas de trabalho tem sua origem na redação original do art. 59, § 2º, da CLT[18], que estabelece: "poderá ser dispensado o

---

(18) COSTA, Armando Casimiro; FERRARI, Irany; VIEITES, Maria Vitória Breda. *Consolidação das Leis do Trabalho*. 18. ed. São Paulo: LTr, 1993. p. 29.

acréscimo de salário, se por força de acordo ou contrato coletivo, **o excesso de horas em um dia for compensado pela correspondente diminuição em outro dia**, de maneira que não exceda o horário normal da semana nem seja ultrapassado o limite máximo de dez horas diárias". (grifos nossos)

Pelo texto legal original, verifica-se que, para a adoção do regime de compensação, deveriam ser obedecidos os seguintes requisitos:

a) deve ser através de acordo escrito, ou através de norma convencional ou acordo coletivo, não se admitindo o acordo individual tácito (Súmula n. 85, I, do TST);

b) conforme expresso no texto, o excesso de horas laboradas em um dia ou dias deve ser compensado em outro dia da semana;

c) o excesso de horas laboradas em um dia ou dias da semana não poderá ultrapassar 10 (dez) horas diárias;

d) deve ser respeitada a carga horária semanal máxima de 48 horas, antes da Constituição de 1988, e de 44 horas, após a Carta constitucional vigente.

2.2.2. Banco de horas

2.2.2.1. Conceito de "banco de horas"

O sistema de compensação de horas, que surgiu através da Lei n. 9.601/98, e sofreu diversas modificações através de Medidas Provisórias até a publicação da Lei n. 2.164/41, de 24 de agosto de 2001, alterando o texto do § 2º, do art. 59, da CLT:

> § 2º Poderá ser dispensado o acréscimo de salário se, por força de acordo ou convenção coletiva de trabalho, o excesso de horas em um dia for compensado pela correspondente diminuição em outro dia, de maneira que não exceda, no período máximo de um ano, à soma das jornadas semanais de trabalho previstas, nem seja ultrapassado o limite máximo de dez horas diárias.

Referido sistema trouxe a possibilidade de compensação das horas laboradas de uma forma mais flexível, haja vista que o excesso de jornada pode ser compensado em um período temporal superior ao da semana em que fora laborada e ainda com a possibilidade de acúmulo das horas, desde que não exceda o período de um ano.

Efetivamente, o sistema de banco de horas propicia ao empregador a utilização da mão de obra de uma jornada mais elastecida, para em período posterior efetuar a compensação; entretanto, devem ser observados os seguintes parâmetros:

a) como na redação original do § 2º, art. 59, CLT, referido sistema deve ser através de acordo escrito, ou através de norma convencional ou acordo coletivo, não se admitindo o acordo individual tácito (Súmula n. 85, I, TST);

b) conforme expresso no texto, o excesso de horas em um dia deve ser compensado pela correspondente diminuição em outro dia, de maneira que não exceda, no período máximo de um ano;

c) o excesso de horas laboradas em um ou vários dias da semana não poderá ultrapassar 10 (dez) horas diárias;

d) deve ser respeitada a carga horária semanal máxima de 44 horas, conforme dispõe a Constituição (Inciso XIII, art. 7º, CRFB);

e) ocorrendo a rescisão de contrato, sem que as horas laboradas em excesso tenham sido compensadas, deverão ser pagas como horas extraordinárias, devendo ser observada a remuneração da data da rescisão (§ 3º, art. 59, CLT).

2.3. Natureza das horas compensadas

As horas laboradas compensadas têm natureza de horas extraordinárias não remuneradas com adicional.

2.3.1. Forma

A Constituição Federal no art. 7º, XIII, admite compensação de horas através de acordo ou convenção coletiva; a inobservância da forma escrita prejudicará a eficácia do acordo (Enunciado n. 85 do TST).

Vale observar que os mesmos critérios adotados para o acordo de prorrogação devem ser observados no sistema de compensação quanto à duração, distrato, que será bilateral, e denúncia, cabível aqui também.

2.3.2. Jurisprudência

Súmula n. 85, do TST: COMPENSAÇÃO DE JORNADA (incorporadas as Orientações Jurisprudenciais n. 182, 220 e 223 da SBDI-1) — Resolução n. 129/05, DJ 20, 22 e 25.4.2005. I. A compensação de jornada de trabalho deve ser ajustada por acordo individual escrito, acordo coletivo ou convenção coletiva. (ex-Súmula n. 85 — primeira parte — alterada pela Resolução n. 121/03, DJ 21.11.2003) II. O acordo individual para compensação de horas é válido, salvo se houver norma coletiva em sentido contrário. (ex-OJ n. 182 da SBDI-1 — inserida em 8.11.2000). III. O mero não--atendimento das exigências legais para a compensação de jornada, inclusive quando encetada mediante acordo tácito, não implica a repetição do pagamento das horas excedentes à jornada normal diária, se não dilatada a jornada máxima semanal, sendo devido apenas o respectivo adicional. (ex-Súmula n. 85 — segunda parte — alterada pela Resolução n. 121/03, DJ 21.11.2003) IV. A prestação de horas extras habituais descaracteriza o acordo de compensação de jornada. Nesta hipótese, as horas que ultrapassarem a jornada semanal normal deverão ser pagas como horas extraordinárias e, quanto àquelas destinadas à compensação, deverá ser pago a mais apenas o adicional por trabalho extraordinário. (ex-OJ n. 220 da SBDI-1 — inserida em 20.6.2001)[19]

---

(19) Disponível em: <http://www.tst.gov.br/jurisprudencia/Livro_Jurisprud/livro_html_atual.html#Sumulas>. Acesso em: 12 set. 2010.

2.3.3. Modelos de acordo de compensação

ACORDO INDIVIDUAL DE COMPENSAÇÃO DE HORAS DE TRABALHO AOS SÁBADOS

Entre a empresa _____, estabelecida em _____, à rua _____, bairro _____, CNPJ _____, com ramo de _____, aqui representada por _____, cargo de _____, CPF _____, e seu funcionário _____, função de _____, portador da Carteira Profissional n. _____, série _____, e homologado no Sindicato _____, CNPJ _____, fica convencionado de acordo com o disposto dos arts. 58 e 59 da Consolidação das Leis de Trabalho que o horário normal do trabalho será o seguinte:

Cláusula primeira — O horário de trabalho será o que segue: de 2ª a 6ª feira, das _____ às _____ h, com _____ hora de intervalo para refeição, perfazendo o total de _____ horas semanais.

Cláusula segunda — Aos sábados não haverá trabalho.

Cláusula terceira — Os feriados que coincidirem com o sábado serão pagos em dobro.

Cláusula quarta — O prazo de vigência deste acordo é de um ano. As partes elegem o foro da Comarca de _____, Estado do _____, como competente para dirimir quaisquer dúvidas resultantes do presente acordo. E por assim estarem justas e acordadas, as partes firmam o presente acordo em três vias de igual teor, para que surtam todos os efeitos legais.

Localidade:_____, __ de __ de ____.

Funcionário — Nome e documento.

Empresa — Nome da empresa, CNPJ e carimbo com nome de quem assina.

Sindicato: _____

ACORDO COLETIVO DE TRABALHO-BANCO DE HORAS

Entre as partes, de um lado a empresa _____, inscrita no CNPJ n. _____, com sede à _____, n. __, cidade _____, Estado __, neste ato através de seu representante legal Sr. _____, e de outro, o Sindicato dos Empregados _____, entidade sindical de 1º Grau, pessoa jurídica de direito privado, sediada na rua _____, n. ___, CEP _____, Cidade _____, Estado __, neste ato representado por seu Presidente, Sr. _____, representando os empregados, em conformidade com o art. 7º da Constituição Federal, inciso VIII, resolvem celebrar este acordo coletivo de trabalho, regido pelas seguintes considerações, cláusulas e condições:

Cláusula 1ª — O presente Acordo Coletivo de Trabalho tem como objetivo específico criar o BANCO DE HORAS para os trabalhadores empregados da empresa _____, sendo aplicável onde não contrarie a Lei e a Convenção Coletiva de Trabalho.

Cláusula 2ª — A vigência do presente acordo é de 12 (doze) meses, iniciando-se em ___de___ de _____, na forma da Convenção Coletiva em Vigência.

Cláusula 3ª — Este acordo abrange todos os trabalhadores da empresa _____, excetuando-se os enquadrados em categoria diferenciada.

Cláusula 4ª — As horas extras devem ser coibidas. No caso de horas extras, haverá compensação do excesso de horas de trabalho em um dia pela diminuição em outro dia. A apuração deverá ser feita ao final do período de ___ dias, iniciando a contagem sempre no primeiro dia útil do mês subsequente ao da prestação dos serviços.

Parágrafo único — As horas lançadas no banco sempre serão acrescidas do adicional respectivo. Para cada hora extra que incidir o adicional de 50%, será lançada no banco uma hora e meia. Para cada hora extra que incidir o adicional de 100%, serão lançadas no banco duas horas.

Cláusula 5ª — Estas horas serão acumuladas, transformando-se em horas crédito para o empregado, e serão controladas individualmente pela empregadora que, mês a mês, fornecerá cópia do saldo de crédito a cada empregado. Sempre que solicitada, a empresa também fornecerá cópia ao Sindicato.

Cláusula 6ª — Tanto o empregado deverá solicitar à empresa, quanto a empresa deverá comunicar ao empregado, com antecedência de 48 horas, a intenção de efetuar compensação das horas existentes no mencionado banco.

Cláusula 7ª — Decorridos ___ dias sem que as horas extras tenham sido totalmente compensadas, a empresa deverá pagá-las ao empregado, com o adicional de 100% (cem por cento).

Cláusula 8ª — Na hipótese de rescisão de contrato de trabalho sem que tenha havido a compensação integral da jornada extraordinária, fará o trabalhador jus ao pagamento das horas extras não compensadas, acrescidas do adicional acima.

Cláusula 9ª — A empresa manterá registro de frequência, bem como controle de crédito de horas, que deverá ser informado ao empregado sempre que solicitado.

Cláusula 10ª — Para efeito de compensação no banco de horas, não serão considerados os feriados, devendo as horas trabalhadas em tais dias serem remuneradas em dobro. Aplica-se esta mesma regra para as horas trabalhadas em repouso semanal remunerado e nas folgas de escala.

Cláusula 11ª — Os empregados admitidos pela empresa durante a vigência deste Acordo ficam subordinados às cláusulas e horários aqui estabelecidos, sendo notificados pela empresa, no ato da admissão da existência deste acordo.

Cláusula 12ª — Fica expressamente proibido o lançamento de horas a débito, ou seja, quando o empregado realizar jornada semanal ou diária aquém da permitida em Lei ou em Convenção, está será considerada como concessão do empregador. Esta regra não prevalecerá quando o empregado estiver realizando compensação de horas a crédito que já existiam no banco de horas.

Cláusula 13ª — O não cumprimento do presente acordo implica a aplicação de multa de um piso salarial do trabalhador atingido, multiplicada por cada mês em que se manteve o descumprimento.

Cláusula 14ª — Todos os empregados terão amplo conhecimento do presente Acordo Coletivo de Trabalho. Denúncias de descumprimento das presentes normas, após apuração do Sindicato _____, ficando demonstrado o descumprimento, implicará a extinção do presente acordo, devendo a empresa efetuar de imediato o pagamento de todas as horas acumuladas no banco, bem como deverá efetuar o pagamento das respectivas multas.

Localidade: _____, __ de _____ de ____.

EMPRESA — SINDICATO

2.4. Horas extras nos casos de força maior ou para conclusão de serviços inadiáveis

2.4.1. Força maior

Evento decorrente de força maior, conforme definido no Art. 501, da CLT, é todo acontecimento imprevisível, inevitável, para o qual o empregador não concorreu. Ex.: vendaval, inundação, incêndio etc.

Ocorrendo um fato de força maior, a lei permite a realização de horas extras, dispondo, no entanto, que a remuneração será paga como normal (§ 2º, do art. 61, da CLT).

2.4.2. Serviços inadiáveis

Serviços inadiáveis são os que devem ser concluídos na mesma jornada de trabalho; não podem ser terminados na jornada seguinte sem prejuízos; basta a ocorrência do fato, o serviço inadiável, para que as horas extras possam ser exigidas do empregado, em número máximo de até 4 (quatro) por dia, remuneradas com adicional de pelo menos 50%.

Conforme esclarece Alice Monteiro de Barros[20]:

> [...] essa prorrogação só se justifica pelo tempo necessário e quando a interrupção do trabalho resulte de causas acidentais e imprevisíveis, o que, aliás, deverá ser esclarecido em face de uma revisão na legislação, dadas as posições doutrinárias antagônicas. Na primeira situação (serviços inadiáveis), os trabalhos que serão executados visam a preparar o ambiente para reiniciar o serviço (aquecimento de forno etc.) e, na segunda situação, são complementares (terminar serviços já iniciados com matéria-prima suscetível de perda).

Comunicação à autoridade competente: conforme o texto expresso no § 1º do art. 61, dentro de dez dias da ocorrência do fato, a autoridade competente em matéria do trabalho, ou antes desse prazo, deve ser comunicada justificando o fato.[21]

---

(20) BARROS, Alice Monteiro de. *Curso de direito do trabalho*, p. 649.
(21) CLT. Art. 61, § 1º O excesso, nos casos deste artigo, poderá ser exigido independentemente de acordo ou contrato coletivo e deverá ser comunicado, dentro de 10 (dez) dias, à autoridade competente em matéria de trabalho, ou, antes desse prazo, justificado no momento da fiscalização sem prejuízo dessa comunicação. § 2º Nos casos de excesso de horário por motivo de força maior, a remuneração da hora excedente não será inferior à da hora normal. Nos demais casos de excesso previstos neste artigo, a remuneração será, pelo menos, 25% (vinte e cinco por cento) superior à da hora normal, e o trabalho não poderá exceder de 12 (doze) horas, desde que a lei não fixe expressamente outro limite.

2.5. Horas extras para a reposição de paralisações

A empresa pode sofrer paralisações decorrentes de causas acidentais ou de força maior; o art. 61, § 3º, da CLT autoriza a empresa a exigir a reposição de horas durante as quais o serviço não pode ser prestado, porém mediante prévia concordância da autoridade competente em matéria do trabalho e durante o período máximo de 45 dias por ano, desde que a jornada não exceda dez horas diárias.

2.6. Excluídos da proteção legal da jornada de trabalho

2.6.1. Conceito

Nem todo empregado é protegido pelas normas sobre a jornada diária de trabalho. As exclusões se operam em razão da função; são os casos do gerente (art. 62 da CLT) e do empregado doméstico (Lei n. 5.859/72).

Existem outras espécies de atividade, como o trabalhador externo, vendedor viajante, que, diante da peculiaridade da atividade, não possuem a sua jornada de trabalho controlada (fora da fiscalização e controle do empregador), razão pela qual estão excluídos da proteção legal da duração do trabalho.

De acordo com o art. 62 da CLT, não são abrangidos pelo Controle de Horário:

I — os empregados que exercem atividade externa incompatível com a fixação de horário de trabalho, devendo tal condição ser anotada na Carteira de Trabalho e Previdência Social e no registro de empregados;

II — os gerentes, assim considerados os exercentes de cargos de gestão, aos quais se equiparam, para efeito do disposto neste artigo, os diretores e chefes de departamento ou filial.

O regime será aplicável aos empregados mencionados no inciso II, quando o salário do cargo de confiança, compreendendo a gratificação de função, se houver, for inferior ao valor do respectivo salário efetivo acrescido de 40% (quarenta por cento).

2.6.2. Jurisprudência

Horas extras e cargo de gestão — Decisão da SDI-1 do TST

CARGO DE GESTÃO NÃO PODE SER DESCARACTERIZADO APENAS PELA SUBORDINAÇÃO À CHEFIA

ESTABELECIMENTO COMERCIAL. GERENTE DA ÁREA FINANCEIRA. AMPLOS PODERES DE MANDO E GESTÃO. ELEVADO PADRÃO SALARIAL. INCIDÊNCIA DO ART. 62, II, DA CONSOLIDAÇÃO DAS LEIS DO TRABALHO. VIOLAÇÃO DO ART. 896 DA CLT. 1. O enquadramento do empregado na previsão do inciso II do art. 62 da Consolidação das Leis do Trabalho pressupõe o exercício de encargo de gestão e a percepção de salário superior em, pelo menos, quarenta por cento daquele pago ao ocupante do cargo efetivo. 2. Uma vez fixadas, na instância de prova, as premissas de que o reclamante, no exercício do cargo de gerente da área financeira: a) tinha *como subordinada a área contábil, os operadores de caixa e o pessoal da frente da loja*; b) *podia admitir, punir e demitir funcionários, juntamente com o gerente geral da loja*; c) *possuía procuração assinada pela empresa, em conjunto com outro procurador*; d) *não estava obrigado a registrar o horário de labor e nem era fiscalizado*; e) *auferia salários superiores aos do cargo efetivo na proporção aproximada de 770%*, resulta incensurável a decisão mediante a qual se concluiu pelo enquadramento da hipótese na previsão excepcional do já referido dispositivo da Consolidação das Leis do Trabalho. 3. O fato de o reclamante estar subordinado ao gerente geral da loja não afasta a incidência do regime jurídico previsto no art. 62, II, da CLT, em virtude de o referido dispositivo de lei não excepcionar da jornada ordinária de trabalho apenas o empregado que ocupa o cargo mais elevado no estabelecimento empresarial, mas também aquele que exerce encargo de mando e gestão, hipótese dos autos. 4. Recurso de embargos não conhecido. Processo: E-ED-RR-103300-52.2000.5.05.0021. Data de julgamento: 6.5.2010. Relator: Ministro Lelio Bentes Corrêa. Subseção I Especializada em Dissídios Individuais. Data de divulgação: DEJT 14.5.2010.[22]

NOTÍCIA DO TST:

Controle de horário por tacógrafo e computador — Uso — Posicionamento da SDI-1 do TST

SDI-1 MANTÉM POSICIONAMENTO QUANTO AO USO DE TACÓGRAFO E COMPUTADOR DE BORDO

A Seção I Especializada em Dissídios Individuais do Tribunal Superior do Trabalho manteve decisão da Terceira Turma que considerou válido o controle de jornada de motorista por meio de tacógrafo e Redac (computador de bordo) e, desta forma, condenou a empresa Martins Comércio e Serviços de Distribuição S/A ao pagamento de adicional sobre horas extras e reflexos a um ex-empregado motorista que mantinha jornada média de 7h as 20h, com duas horas de intervalo de segunda a sábado e que após a sua demissão ingressou com ação trabalhistas buscando o seu direito. Ao se pronunciar sobre o caso, o Tribunal Regional do Trabalho da 3ª Região (MG), havia dado razão ao empregado, condenando a empresa ao pagamento do adicional, sob o argumento de que era possível saber qual o tempo trabalhado pelo motorista, pois o caminhão era equipado com tacógrafo. A empresa recorreu ao TST. A Terceira Turma manteve a decisão regional, o que levou a empresa ingressou [sic] então com Embargos de Declaração pedindo maiores detalhes da decisão. Ao julgar os embargos a Terceira Turma acrescentou que o controle era feito não só por tacógrafo, mas também por REDAC (computador de bordo) e que a junção dos dois instrumentos seria capaz de registrar início e término da jornada, bem como distâncias percorridas e paradas. Portanto a jornada podia ser controlada e a sobrejornada era devida ao empregado. A empresa recorreu SDI-1 buscando a reforma da decisão da turma sob a alegação de que a tese utilizada de que o controle de horário estaria caracterizado pelo uso do tacógrafo, contrariava a OJ n. 332 da SBDI-1 do TST, que ensina, "o tacógrafo, por si só, sem a existência de outros elementos, não serve para controlar a jornada de trabalho de empregado que exerce atividade externa". Ao analisar o caso na SBDI-1 o relator ministro Lelio Bentes Corrêa, observa que ao contrário do que afirmado no recurso, a caracterização do controle de jornada não se deu apenas pelo uso do tacógrafo, mas sim do tacógrafo aliado ao uso do REDAC, como já havia sido esclarecido nos embargos. Para o ministro o Redac é um sistema moderno e sofisticado capaz de inclusive ter a disposição do motorista comunicação por meio de voz, permitindo assim um efetivo controle. O ministro salientou ainda que "a exceção da CLT em relação à aquele que exerce atividade externa no caso motorista se dá não pelo fato da empresa optar por não exercer o controle da jornada, mas sim pelo fato de ser impossível o controle desta jornada". A tese

---

(22) Disponível em: <http://aplicacao.tst.jus.br/consultaunificada2/jurisSearch.do>. Acesso em: 10 set. 2010.

mantida pela SDI-1 é a de que estes equipamentos (tacógrafo e REDAC) permitiriam a empresa o efetivo controle da jornada cumprida pelo reclamante na medida em que pode-se saber a que horas começou , se tiveram paradas ao longo do dia, se houve intervalo para refeição. Fonte: TST, em Notícias de 16.7.2010 — (RR-694820-79.2000.5.03.0043).

EMENTA DO JULGAMENTO NOTICIADO:

RECURSO DE EMBARGOS INTERPOSTO SOB A ÉGIDE DA LEI N. 11.496/07. MOTORISTA. HORAS EXTRAS. ATIVIDADE EXTERNA. CONTROLE DE JORNADA. IMPOSSIBILIDADE DE CARACTERIZAÇÃO DE CONTRARIEDADE A SÚMULA DE ÍNDOLE PROCESSUAL, RELATIVA A PRESSUPOSTOS DE ADMISSIBILIDADE DO RECURSO DE NATUREZA EXTRAORDINÁRIA. DIVERGÊNCIA JURISPRUDENCIAL. INESPECIFICIDADE DO ARESTO COLACIONADO.
1. Diante do escopo da nova lei que dispõe sobre o recurso de embargos, atribuindo-lhe função exclusivamente uniformizadora da jurisprudência trabalhista, afigura-se inviável o conhecimento do recurso por contrariedade a súmulas e orientações jurisprudenciais que tratam de direito processual, sob a ótica das formalidades necessárias à veiculação do recurso de natureza extraordinária, no caso concreto, a Súmula n. 126 deste Tribunal Superior. A função uniformizadora da SBDI-I apenas deve ser exercitada quando caracterizado o dissenso entre Turmas (ou destas com a SBDI) no tocante à interpretação de lei federal ou da Constituição da República, impondo-se, para tal fim, a demonstração da existência de decisões conflitantes e específicas — assim compreendidas aquelas que, partindo de premissas idênticas e interpretando os mesmos dispositivos de lei, consagrem conclusões diversas. 2. Inviável, de outro lado, o conhecimento de embargos, por divergência jurisprudencial, quando inespecíficos os arestos colacionados, nos termos da Súmula n. 296, I, do Tribunal Superior do Trabalho. 3. Não há falar, ainda, em contrariedade à Orientação Jurisprudencial n. 332 da SBDI-I do TST, uma vez que consta do acórdão embargado premissa fática, delineada pela Corte de origem, no sentido de que demonstrada a existência de controle da jornada do reclamante por meio de tacógrafo e REDAC. 4. Embargos de que não se conhece. Processo: E-ED-RR-694820-79.2000.5.03.0043. Data de julgamento: 24.6.2010. Relator: Ministro Lelio Bentes Corrêa. Subseção I Especializada em Dissídios Individuais. Data de divulgação: DEJT 6.8.2010.[23]

2.7. Horas extras ilícitas

São as prestadas com violação do modelo legal; são as que lhe conferem disciplina prejudicial (CLT, art. 9º). A ilicitude pode caracterizar-se pelo excesso da limitação das horas, pela falta de comunicação à autoridade competente em matéria do trabalho e quando são prestadas em trabalho no qual é vedada a prorrogação.

2.8. Jurisprudência e notícia sobre horas extras

Horas extras — Sétima Turma do TST admitiu a substituição por diárias de viagem

MOTORISTA DE ÔNIBUS TURÍSTICO RECEBE DIÁRIAS DE VIAGEM EM TROCA DE HORAS EXTRAS

Em vez do pagamento de horas extras realizadas, um motorista de ônibus de turismo da União Transportes Interestadual de Luxo S.A (Util) recebeu diárias de viagem. Apesar de a troca ter sido

---

(23) Disponível em: <http://aplicacao.tst.jus.br/consultaunificada2/jurisSearch.do>. Acesso em: 12 set. 2010.

pactuada em norma coletiva, o trabalhador resolveu acionar a Justiça do Trabalho, questionando o acordo, mas não tem conseguido êxito na empreitada. A Sétima Turma do Tribunal Superior do Trabalho rejeitou agravo de instrumento do motorista. O trabalhador buscou o TST para reformar decisão do Tribunal Regional do Trabalho da 1ª Região (RJ), que manteve a sentença considerando válido o pacto realizado entre as categorias profissional e econômica, suprimindo o direito a horas extras nos casos em que o empregado fosse destacado para viagens turísticas. Segundo o TRT, recibos revelam o pagamento, ao autor da reclamação, de diárias de viagem em valores consideráveis, o que demonstra o "cumprimento da substituição acordada coletivamente". No entanto, o motorista alega que o art. 7º, XVI, da Constituição garante o adicional de no mínimo 50% das horas extras que excederem a jornada legal a todas as categorias profissionais, "o que afasta a aplicação de norma coletiva maléfica ao empregado, que suprime o direito às horas extras, em detrimento da norma constitucional". Para a relatora do agravo de instrumento, juíza convocada Maria Doralice Novaes, o trabalhador não tem razão. Segundo a relatora, o art. 7º, XXVI, da Constituição preconiza o respeito às pactuações decorrentes de instrumentos normativos, admitindo a redução dos dois principais direitos trabalhistas, que são o salário e a jornada de trabalho. A juíza Maria Doralice explica, então, que todos os direitos que deles decorrem também são passíveis de flexibilização. Neste caso em análise, desconsiderar a pactuação, diz a relatora, "é tornar inócua a norma coletiva e letra morta a disposição constitucional, que, a despeito de permitir que os interlocutores do instrumento normativo sejam soberanos na fixação das concessões mútuas, apenas não admite a transação de direitos indisponíveis". Na situação em questão, segundo esclarecimentos da relatora, a cláusula de flexibilização não se refere à matéria relativa à Medicina e Segurança do Trabalho — que não pode ser objeto de flexibilização — e foi aceita pela categoria profissional por conter outras vantagens compensatórias para o trabalhador. Para a juíza Maria Doralice, "é preciso prestigiar e valorizar a negociação coletiva assentada na boa-fé, como forma de incentivo à composição dos conflitos pelos próprios interessados". Concluiu, então, que o instrumento normativo que afasta o pagamento de horas extras aos motoristas condutores de ônibus de turismo deve ser respeitado. De acordo com a relatora, o Tribunal Regional não resolveu a controvérsia pelo prisma do art. 7º, XVI, da Constituição, como pretende o trabalhador, e as decisões apresentadas para verificação de divergência jurisprudencial são inservíveis, o que faz o recurso não ter condições de admissibilidade. Com esses fundamentos, a Sétima Turma negou provimento ao agravo de instrumento. (AIRR-44140-48.2007.5.01.0026) Fonte: TST, em Notícias de 27.5.2010.

EMENTA DO JULGAMENTO NOTICIADO:

AGRAVO DE INSTRUMENTO — RECURSO DE REVISTA INADMISSÍVEL — DESPROVIMENTO.
Agravo de instrumento a que se nega provimento, porquanto o recurso de revista, versando sobre validade de norma coletiva que autoriza a aplicação da excludente prevista no inciso I do art. 62 da CLT ao empregado destacado para viagens turísticas, concedendo-se em substituição, diárias em valores consideráveis, não reúne condições de admissibilidade, tropeçando a revista nos óbices das Súmulas n. 296 e 297, I, do TST e do art. 896, a, da CLT. Agravo de instrumento desprovido. Processo: AIRR-44140-48.2007.5.01.0026. Data de julgamento: 19.5.2010, Relatora: Ministra Maria Doralice Novaes. 7ª Turma. Data de divulgação: DEJT 28.5.2010.[24]

Horas Extras — Irrenunciabilidade

QUINTA TURMA: NORMA COLETIVA QUE FIXA QUITAÇÃO DE HORAS EXTRAS NÃO É TRANSAÇÃO, É RENÚNCIA

PRELIMINAR DE NULIDADE. ACÓRDÃO RECORRIDO. NEGATIVA DE PRESTAÇÃO JURISDICIONAL. ACORDO COLETIVO — QUITAÇÃO DA PARCELA HORAS EXTRAS E RESPONSABILIDADE PELOS DESCONTOS FISCAIS E PREVIDENCIÁRIOS. Não colhe a acenada

---

(24) Disponível em: <http://aplicacao.tst.jus.br/consultaunificada2/jurisSearch.do>. Acesso em: 12 set. 2010.

nulidade, porquanto o Regional expôs tese sobre as matérias invocadas nos embargos de declaração (Orientação Jurisprudencial n. 118 da SBDI-1). Ademais, incide o item III da Súmula n. 297 do TST às questões jurídicas suscitadas nos embargos de declaração (art. 7º, XXVI, da CRFB/88; 46 da Lei n. 8.541/92 e 43 da Lei n. 8.212/91). **Não conhecido. ILEGITIMIDADE PASSIVA DA 2ª RECLAMADA.** O Regional, com relação ao tema em epígrafe, não tratou de grupo econômico, o que atrai a incidência da Súmula n. 297 do TST. Ademais, quanto ao art. 267 do Código de Processo Civil, a reclamada não indica qual o inciso ou parágrafo estaria violado, atraindo a incidência dos termos do item I da Súmula n. 221 do TST. **Não conhecido. HORAS EXTRAS.** Inadmissível o recurso de revista, porquanto o Tribunal de origem, ao manter a aludida condenação, fundado na prova oral, aplicou o princípio do livre convencimento motivado (art. 131 do CPC) e não decidiu com base na mera distribuição do ônus da prova, como creem as reclamadas. No tocante ao quantitativo de horas extras, o reexame da controvérsia encontra o óbice da Súmula n. 126 do TST. Ademais, o Regional não tratou do teor do art. 62, I, da CLT nem da Súmula n. 347 do TST, o que atrai a incidência da Súmula n. 297 do TST. Incólumes os arts. 333, I, do CPC e 818 da CLT. **Não conhecido. QUITAÇÃO DE HORAS EXTRAS POR CLÁUSULA DE CONVENÇÃO COLETIVA.** A flexibilização do Direito do Trabalho, fundada na autonomia coletiva privada, constitui exceção ao princípio da irrenunciabilidade dos direitos trabalhistas. Entretanto, tal flexibilização há de ter interpretação estrita, não podendo se estender além das hipóteses previstas. Nesse passo, a Constituição Federal adotou, ainda que timidamente, a tese de flexibilização sob a tutela sindical: redutibilidade salarial, compensação de horários, redução de jornada e trabalho em turnos de revezamento (art. 7º, VI, XIII, XIV). Trata o caso dos autos de exclusão do pagamento de horas extras, por meio de convenção coletiva. Registrou o Regional que a cláusula não configura a hipótese de uma transação realizada pelo sindicato da categoria do reclamante, constitui, sim, renúncia do Sindicato a direito de seus representados, o que extrapola os limites legais atribuído aos órgãos representantes dos empregados. De se notar, outrossim, que não há, no tocante às horas extras, registro de qualquer contrapartida por parte da categoria econômica, não podendo prevalecer instrumento normativo firmado nesses moldes. Nesse passo, é nulo o acordo coletivo (art. 9º da CLT), uma vez que o art. 7º, XIII, da Constituição Federal só permite a redução da jornada e não a supressão de jornada efetivamente prestada. O direito ao pagamento de horas extras não é passível de renúncia pela via de norma coletiva. **Não conhecido. DEVOLUÇÃO DE VALORES A TÍTULO DE ASSISTÊNCIA MÉDICA. VALORES QUE ULTRAPASSAM AS DISPOSIÇÕES DA NORMA COLETIVA. MATÉRIA FÁTICA.** O Regional examinou as provas e concluiu que as reclamadas devem -restituir os valores descontados que ultrapassarem o valor estipulado na norma coletiva a título de assistência médica-. Assim, o reexame da controvérsia encontra o óbice da Súmula n. 126 do TST. **Não conhecido. DESCONTOS PREVIDENCIÁRIOS E FISCAIS. SENTENÇAS TRABALHISTAS.** A culpa do empregador pelo inadimplemento das verbas remuneratórias não exime a responsabilidade do empregado pelos pagamentos do imposto de renda devido (Orientação Jurisprudencial n. 363 da SBDI-1), no mesmo sentido, por analogia, as parcelas previdenciárias, na sua quota-parte. Os recolhimentos do imposto de renda efetuados sobre os rendimentos pagos em cumprimento de decisão judicial incidem sobre o valor total da condenação, calculados ao final. Incidência da Súmula n. 368 do TST, item II. Com relação aos descontos previdenciários, esta Corte firmou jurisprudência no sentido de que o critério de apurar encontra disciplinado no art. 276, § 4º, do Decreto n. 3.048/99, que regulamenta a Lei n. 8.212/91 e determina que a contribuição do empregado, no caso de ações trabalhistas, seja calculada mês a mês, aplicando-se as alíquotas previstas no art. 198, observado o limite máximo do salário de contribuição. Incidência da Súmula n. 368, item III. **Conhecido e, no particular, provido.** Processo: RR-18600-68.2003.5.17.0001. Data de julgamento: 5.5.2010, Relator: Ministro Emmanoel Pereira. 5ª Turma. Data de divulgação: DEJT 14.5.2010. Fonte: TST, em Notícias de 10.5.2010.[25]

---

(25) Disponível em: <http://aplicacao.tst.jus.br/consultaunificada2/jurisSearch.do>. Acesso em: 12 set. 2010.

HORAS EXTRAS — COMPENSAÇÃO DENTRO DO PRÓPRIO MÊS — Decisão: por unanimidade, conhecer do recurso de revista quanto ao tema "horas extras — compensação", por divergência jurisprudencial, e, no mérito, dar-lhe provimento para determinar que a compensação das horas extras pagas com aquelas efetivamente realizadas seja feita dentro do próprio mês a que se referem. Processo: RR-1204100-06.2008.5.09.0013. Data da publicação: DEJT 1º.10.2010. Relator: Ministro Emmanoel Pereira.[26]

2.9. Classificação dos adicionais sobre a jornada

Os adicionais sobre as prorrogações de jornada se classificam em *fixos,* quando invariáveis; *progressivos,* quando variáveis de forma gradativamente crescente na medida da elevação do número de horas extras na jornada diária; *fracionáveis,* quando fixadas em valores que representam um fração daquele que é previsto, como ocorre nos sistemas de sobreaviso e prontidão do trabalho ferroviário (CLT, art. 241, parágrafo único)[27].

Conforme definido pela Constituição Federal de 1988, no art. 7º, inciso XVI, o adicional à remuneração do serviço extraordinário não pode ser inferior a 50% (cinquenta por cento).

Constituição Federal de 1988, art. 7º, XVI — "remuneração do serviço extraordinário superior, no mínimo, em cinquenta por cento à do normal".

2.10. Cursos fornecidos ou pagos pelo empregador

A questão que se aventa é se a participação do empregado em cursos de treinamento, pagos pelo empregador, se trata ou não de tempo à disposição da empresa e razão pela qual pode gerar direito às horas excedentes como extras?

Conforme explica Alice Monteiro de Barros[28], que entende ser "tempo à disposição do empregador, quando comprovada a obrigatoriedade atestada por meio de controle de presença. Evidentemente, mesmo que o curso traga vantagens para o empregado, o maior beneficiário é o empregador, que conta com mão de obra mais qualificada e produtiva".

---

(26) Disponível em: <http://brs02.tst.jus.br/cgi-bin/nph-brs?s1=5287215.nia.&u=/>. Acesso em: 5 out. 2010.
(27) CLT, art. 241. As horas excedentes das do horário normal de oito horas serão pagas como serviço extraordinário na seguinte base: as duas primeiras com o acréscimo de 25% (vinte e cinco por cento) sobre o salário-hora normal; as duas subsequentes com um adicional de 50% (cinquenta por cento) e as restantes com um adicional de 75% (setenta e cinco por cento). Parágrafo único — Para o pessoal da categoria "c", a primeira hora será majorada de 25% (vinte e cinco por cento), a segunda hora será paga com o acréscimo de 50% (cinquenta por cento) e as duas subsequentes com o de 60% (sessenta por cento), salvo caso de negligência comprovada.
(28) BARROS, Alice Monteiro de. *Curso de direito do trabalho,* p. 653.

2.10.1. Jurisprudência

PRELIMINAR DE NULIDADE POR NEGATIVA DE PRESTAÇÃO JURISDICIONAL. A manifestação do Tribunal Regional sobre os pontos suscitados no Recurso Ordinário significa prestação jurisdicional plena, não ensejando, pois, declaração de nulidade. **HORAS EXTRAS. CHEFE DE EXPEDIENTE.** Segundo a decisão recorrida, o reclamante havia confessado que, como chefe de expediente, em São Leopoldo, era chefe dos demais chefes da agência; possuía assinatura autorizada com outro colega; nos contratos de financiamento e abertura de crédito o reclamante poderia assinar sozinho, mas o normal era com assinatura de outro colega (fls. 452). Ora, o enquadramento do empregado como ocupante de cargo de confiança bancário não exige a existência de subordinados e a presença de amplos poderes de mando e gestão. Assim, havendo demonstração de que a função do reclamante se enquadra na hipótese do § 2º do art. 224 da CLT, não são devidas as horas excedentes a sexta diária. **HORAS EXTRAS. GERENTE GERAL.** Tendo o Tribunal Regional consignado que o Reclamante exerceu o cargo de gerente geral da agência, constata-se que a condenação das horas extras excedentes à oitava diária contraria o disposto na segunda parte da Súmula n. 287 do TST. **VIAGENS. PARTICIPAÇÃO EM CURSOS.** O Tribunal Regional entendeu tratar-se de viagens realizadas em interesse do banco, com vistas ao aperfeiçoamento de seus empregados e qualificando o seu quadro de servidores (fls. 455). Dessa forma, não há como se deixar de considerar como de serviço efetivo o período em que o reclamante participou de cursos e reuniões. **DESPESAS COM MUDANÇA.** Na hipótese, a decisão regional amparou-se na disposição legislativa que rege a matéria em debate (art. 470 da CLT). Não houve, portanto, afronta direta e literal ao art. 5º, inc. II, da Constituição da República. **GRATIFICAÇÃO SEMESTRAL.** Decisão regional em consonância com a Súmula n. 253 do TST. Recurso de Revista de que se conhece em parte e a que se dá provimento. Processo: RR-48800--83.2003.5.04.0821. Data de julgamento: 18.8.2010, Relator: Ministro João Batista Brito Pereira. 5ª Turma. Data de divulgação: DEJT 27.8.2010.[29]

AGRAVO DE INSTRUMENTO. RECURSO DE REVISTA. HORAS EXTRAS. TEMPO À DISPOSIÇÃO DO EMPREGADOR. PARTICIPAÇÃO OBRIGATÓRIA EM CURSOS E TREINAMENTOS. SÚMULA N. 126/TST. Decidida a controvérsia a respeito da obrigatoriedade de participação do reclamante em cursos oferecidos pela reclamada com base no exame do conjunto probatório, apenas mediante reexame de fatos e provas é que se poderia chegar à conclusão de violação de dispositivo de lei. Agravo de instrumento a que se nega provimento. Processo: AIRR--871640-06.2007.5.09.0003. Data de julgamento: 26.5.2010. Relator: Ministro Horácio Raymundo de Senna Pires. 3ª Turma. Data de divulgação: DEJT 11.6.2010.[30]

RECURSO DE REVISTA. HORAS EXTRAS. TRABALHO EXTERNO. CONTROLE INDIRETO DE JORNADA. 1. Consignada pela Corte Regional a existência de meios adotados pela empresa para controle da jornada do reclamante, não há falar em afronta ao art. 62, I, da CLT. 2. *Divergência jurisprudencial apta não demonstrada (Súmula n. 296/TST). 3. Considerada a moldura fática delineada pela Corte de origem, a pretensão da recorrente de demonstrar a ausência de controle de jornada encontra óbice na Súmula n. 126/TST.* **PARTICIPAÇÃO EM CURSOS E TREINAMENTOS. HORAS EXTRAS.** Ausente o registro, no acórdão regional, acerca do caráter facultativo ou obrigatório dos cursos e treinamentos frequentados pelo reclamante, limitando-se a Corte de origem a adotar tese no sentido da irrelevância de tal aspecto, pois caracterizada a disponibilidade do empregado ao empregador em aludidos períodos, o apelo encontra óbice na Súmula n. 296/TST. **PLANO DE CARGOS E SALÁRIOS. DESCUMPRIMENTO PELO EMPREGADOR.** 1. Não se tratando de pedido de equiparação salarial, mas de diferenças salariais decorrentes do descumprimento de plano de cargos e salários por parte do empregador, e decidindo a Corte de origem com espeque nas regras de distribuição do ônus probatório, não há falar em violação do art. 461 da CLT ou contrariedade à Súmula n. 06/TST. 2. Arestos oriundos de

---
(29) Disponível em: <http://aplicacao.tst.jus.br/consultaunificada2/jurisSearch.do>. Acesso em: 12 set. 2010.
(30) Disponível em: <http://aplicacao.tst.jus.br/consultaunificada2/jurisSearch.do>. Acesso em: 12 set. 2010.

Turmas do TST são inservíveis para a configuração do dissenso de teses a que se refere a alínea a do art. 896 da CLT. **COMPENSAÇÃO. AUMENTOS ESPONTÂNEOS. NORMA COLETIVA.** A Corte Regional afastou a pretendida compensação, consignado que a reclamada não aplicou os índices de reajustes salariais, fixados em normas coletivas, nem concedeu antecipação salarial. Afronta ao art. 7º, XXVI, da Constituição da República não caracterizada. Conclusão em sentido diverso a demandar o revolvimento de fatos e provas, obstaculizado em sede extraordinária (Súmula n. 126/TST). **COMISSÕES DE VENDAS. INTEGRAÇÃO.** Consignado pela Corte de origem, soberana no exame do conjunto probatório, que os depósitos a fundo de previdência complementar eram, na verdade, comissões por vendas posteriormente repassadas ao reclamante, não lançadas na folha mensal de pagamento, a atrair o disposto no art. 457, § 1º, da CLT, não há como visualizar mácula aos arts. 112 e 114 do Código Civil. Inviável a esta Corte concluir diversamente, à luz da diretriz Súmula n. 126/TST. Recurso de revista integralmente não conhecido. Processo: RR-162600-54.2007.5.04.0561. Data de julgamento: 10.3.2010. Relatora: Ministra Rosa Maria Weber. 3ª Turma. Data de divulgação: DEJT 30.3.2010.[31]

2.11. Turnos ininterruptos de revezamento

Inicialmente devemos conceituar o que é trabalho por turno. Conforme o Vocabulário Jurídico[32] — O trabalho por turno é aquele em que o trabalhador integra um grupo de trabalhadores que se alterna no local de trabalho, cumprindo horários que permitem o funcionamento ininterrupto da empresa.

O trabalho ininterrupto é aquele em que não há interrupção; por conseguinte, se o empregado trabalha por turnos, cumpre horários alternados que se sucedem (exemplo: períodos matutino, vespertino e noturno).

Este tipo de jornada é efetivamente nocivo à saúde do trabalhador, haja vista que dificulta as suas adaptações físicas, psíquicas e sociais. O legislador, ciente desta situação, fixou a jornada máxima de 6 (seis) horas na ocorrência de turnos ininterruptos de revezamento, desde que não exista pacto coletivo de trabalho (convenção ou acordo coletivo).

Constituição Federal de 1988, art. 7º, XIV — "jornada de seis horas para o trabalho realizado em turnos ininterruptos de revezamento, salvo negociação coletiva".

2.11.1 Jurisprudência e Súmulas sobre turno ininterrupto de revezamento

OJ-SDI1-274 do TST: TURNO ININTERRUPTO DE REVEZAMENTO. FERROVIÁRIO. HORAS EXTRAS. DEVIDAS. Inserida em 27.09.02. O ferroviário submetido a escalas variadas, com alternância de turnos, faz jus à jornada especial prevista no art. 7º, XIV, da CRFB/1988.

OJ-SDI1-275 do TST: TURNO ININTERRUPTO DE REVEZAMENTO. HORISTA. HORAS EXTRAS E ADICIONAL. DEVIDOS. Inserida em 27.09.02. Inexistindo instrumento coletivo fixando jornada diversa, o empregado horista submetido a turno ininterrupto de revezamento faz jus ao pagamento das horas extraordinárias laboradas além da 6ª, bem como ao respectivo adicional.

---

(31) Disponível em: <http://aplicacao.tst.jus.br/consultaunificada2/jurisSearch.do>. Acesso em: 12 set. 2010.
(32) SILVA, De Plácido e. *Vocabulário jurídico*. vol. 2, Rio de Janeiro: Forense, 1982. p. 426.

OJ-SDI1-360 do TST: TURNO ININTERRUPTO DE REVEZAMENTO. DOIS TURNOS. HORÁRIO DIURNO E NOTURNO. CARACTERIZAÇÃO. DJ 14.3.2008. Faz jus à jornada especial prevista no art. 7º, XIV, da CRFB/1988 o trabalhador que exerce suas atividades em sistema de alternância de turnos, ainda que em dois turnos de trabalho, que compreendam, no todo ou em parte, o horário diurno e o noturno, pois submetido à alternância de horário prejudicial à saúde, sendo irrelevante que a atividade da empresa se desenvolva de forma ininterrupta.[33]

Súmula n. 360 do TST: TURNOS ININTERRUPTOS DE REVEZAMENTO. INTERVALOS INTRAJORNADA E SEMANAL (mantida) — Resolução n. 121/03, DJ 19, 20 e 21.11.2003. A interrupção do trabalho destinada a repouso e alimentação, dentro de cada turno, ou o intervalo para repouso semanal, não descaracteriza o turno de revezamento com jornada de 6 (seis) horas previsto no art. 7º, XIV, da CRFB/1988.

Súmula n. 391 do TST: PETROLEIROS. LEI N. 5.811/72. TURNO ININTERRUPTO DE REVEZAMENTO. HORAS EXTRAS E ALTERAÇÃO DA JORNADA PARA HORÁRIO FIXO (conversão das Orientações Jurisprudenciais n. 240 e 333 da SBDI-1) — Resolução n. 129/05, DJ 20, 22 e 25.4.2005. I — A Lei n. 5.811/72 foi recepcionada pela CRFB/88 no que se refere à duração da jornada de trabalho em regime de revezamento dos petroleiros. (ex-OJ n. 240 da SBDI-1 — inserida em 20.6.2001). II — A previsão contida no art. 10 da Lei n. 5.811/72, possibilitando a mudança do regime de revezamento para horário fixo, constitui alteração lícita, não violando os arts. 468 da CLT e 7º, VI, da CRFB/1988. (ex-OJ n. 333 da SBDI-1 — DJ 9.12.2003).

RECURSO DE REVISTA. TURNOS ININTERRUPTOS DE REVEZAMENTO. CARACTERIZAÇÃO. ORIENTAÇÃO JURISPRUDENCIAL N° 360 DA SBDI-1 DO TST. A jurisprudência desta Corte Superior, consubstanciada na Orientação Jurisprudencial n. 360 da SBDI-1, firmou-se no sentido de que faz jus à jornada especial prevista no art. 7º, XIV, da CRFB o trabalhador que exerce suas atividades em sistema de alternância de turnos, ainda que em dois turnos de trabalho, que compreendam, no todo ou em parte, o horário diurno e o noturno, pois submetido à alternância de horário prejudicial à saúde, sendo irrelevante que a atividade da empresa se desenvolva de forma ininterrupta. Nesse contexto, a revista encontra óbice no § 4° do art. 896 da CLT, no sentido de que a divergência apta a ensejar o recurso de revista deve ser atual, não se considerando como tal a ultrapassada por súmula, ou superada por iterativa e notória jurisprudência do Tribunal Superior do Trabalho, na medida em que todos os arestos acostados no apelo, para o embate de teses, dispõem que para a configuração de labor em turnos ininterruptos de revezamento, faz-se necessário que o trabalhador reveza-se nas vinte e quatro horas do dia. Recurso de revista não conhecido. Processo: RR-5150300-98.2002.5.04.0900. Data de Julgamento: 11.6.2008. Relatora: Ministra Dora Maria da Costa. 8ª Turma. Data de publicação: DJ 13.6.2008.[34]

2.12. Salário-hora para o turno ininterrupto

Conforme explicam Francisco Ferreira Jorge Neto e Jouberto de Quadros Pessoa Cavalcante[35], "o empregado que labora em turnos ininterruptos de revezamento, sem haver a negociação coletiva, tem direito às 7ª e 8ª horas como jornada suplementar. O divisor mensal será de 180 horas".

---

(33) Disponível em: <http://www.tst.gov.br/jurisprudencia/Livro_Jurisprud/livro_html_atual.html#Transitoria>. Acesso em: 12 set. 2010.
(34) Disponível em: <http://aplicacao.tst.jus.br/consultaunificada2/jurisSearch.do>. Acesso em: 12 set. 2010.
(35) JORGE NETO, Francisco Ferreira; CAVALCANTE, Jouberto de Quadros Pessoa. *Direito do trabalho*, p. 602.

2.12.1. Jurisprudência

Súmula n. 423 do TST: TURNO ININTERRUPTO DE REVEZAMENTO. FIXAÇÃO DE JORNADA DE TRABALHO MEDIANTE NEGOCIAÇÃO COLETIVA. VALIDADE. (conversão da Orientação Jurisprudencial n. 169 da SBDI-1) Resolução n. 139/06 — DJ 10, 11 e 13.10.2006). Estabelecida jornada superior a seis horas e limitada a oito horas por meio de regular negociação coletiva, os empregados submetidos a turnos ininterruptos de revezamento não tem direito ao pagamento da 7ª e 8ª horas como extras.

RECURSO DE REVISTA — TURNOS ININTERRUPTOS DE REVEZAMENTO — CARACTERIZAÇÃO. O Tribunal Regional decidiu conforme ao Enunciado n. 360 do TST. **HORISTA — SOBREJORNADA — ADICIONAL DEVIDO.** Aplica-se à espécie a Orientação Jurisprudencial n. 275 da SBDI-1. **DIVISOR 180.** A aplicação do divisor 180, no cálculo do salário-hora, determinada pelo Tribunal Regional, harmoniza-se com a jurisprudência desta Eg. Corte. Precedentes da SBDI-1. **HORAS EXTRAS — MINUTO A MINUTO.** O posicionamento adotado pelo Tribunal Regional está em sintonia com as Orientações Jurisprudenciais n. 23 e 326 da SBDI-1. **ADICIONAL DE PERICULOSIDADE.** A concessão do adicional de periculosidade está de acordo com a Orientação Jurisprudencial n. 5 da SBDI-1. **REFLEXOS — ADICIONAL DE PERICULOSIDADE.** O adicional de periculosidade remunera o trabalho em condições de perigo, o que evidencia sua natureza salarial. O acórdão regional está conforme ao Enunciado n. 264 do TST. Recurso de Revista não conhecido. Processo: E-ED-RR-712170-76.2000.5.03.5555. Data de julgamento: 6.4.2005, Relatora: Ministra Maria Cristina Irigoyen Peduzzi. 3ª Turma. Data de publicação: DJ 29.4.2005.[36]

2.13. Intervalos

A norma consolidada abriga diversas disposições que asseguram ao trabalhador várias espécies de repouso, procurando, assim, protegê-lo contra a fadiga nervosa e muscular e, desta forma, resguardando-lhe a saúde.

Espécies de repouso são os intervalos que, analisados de acordo com a duração do trabalho, apresentam determinado tipo de ocorrência:

a) Duração diária do trabalho: temos a ocorrência dos intervalos intrajornada e interjornada;

b) Duração semanal do trabalho: tem-se a concessão do repouso semanal remunerado; e

c) Duração anual: tem-se a concessão do gozo de férias.

2.13.1. Intervalo intrajornada

O intervalo intrajornada corresponde ao descanso concedido dentro da jornada laboral, sendo que normalmente é utilizado para almoço ou janta.

---

(36) Disponível em: <http://aplicacao.tst.jus.br/consultaunificada2/jurisSearch.do>. Acesso em: 12 set. 2010.

A Consolidação das Leis do Trabalho, através do art. 71, da CLT, estabelece que:

a) Se o trabalho for contínuo, cuja duração exceda seis horas, é obrigatória a concessão de um intervalo para repouso ou alimentação, o qual será no mínimo de uma hora e, salvo acordo escrito ou contrato coletivo em contrário, não poderá exceder de duas horas (*caput*, art. 71, da CLT);

b) Entretanto, caso a duração do trabalho não exceda seis horas, será obrigatório um intervalo de quinze minutos quando a duração ultrapassar quatro horas (§ 1º, art. 71, CLT);

c) Observe-se também que os intervalos de descanso não serão computados na duração do trabalho (§ 2º, art. 71, CLT); porém, a não concessão ou mesmo a redução do respectivo intervalo mínimo intrajornada para repouso e alimentação acarretará na indenização por parte do empregador do período não concedido, conforme o entendimento consolidado na Orientação Jurisprudencial n. 354 da SBDI-1/TST, haja vista referido intervalo possuir natureza salarial conforme previsto no art. 71, § 4º, da CLT, com redação introduzida pela Lei n. 8.923, de 27 de julho de 1994, repercutindo, assim, no cálculo de outras parcelas salariais.

2.13.1.1. Requisitos para a redução do intervalo intrajornada

Conforme previsão inserida no § 3º, do art. 71, da CLT, o limite mínimo de uma hora para repouso ou refeição poderá ser reduzido, desde que:

a) Por ato do Ministério do Trabalho, quando ouvido o Departamento Nacional de Higiene e Segurança do Trabalho — DNHST;

b) Se verificar que o estabelecimento atende integralmente às exigências concernentes à organização dos refeitórios;

c) E quando os respectivos empregados não estiverem sob o regime de trabalho prorrogado a horas suplementares.

Referida sistemática está regulada pela Portaria MTE n. 1.095/10 — DOU: 20.5.2010, que disciplina os requisitos para a redução do intervalo intrajornada, inclusive apresentando e estabelecendo formulário de requerimento administrativo para redução de intervalo intrajornada nos termos do art. 71, § 3º, da CLT.

2.13.1.2. Orientações Jurisprudenciais, Súmulas e Jurisprudência sobre o intervalo intrajornada

OJ-SDI1-307 do TST: INTERVALO INTRAJORNADA (PARA REPOUSO E ALIMENTAÇÃO). NÃO CONCESSÃO OU CONCESSÃO PARCIAL. Lei n. 8.923/94. DJ 11.8.03. Após a edição da

Lei n. 8.923/94, a não concessão total ou parcial do intervalo intrajornada mínimo, para repouso e alimentação, implica o pagamento total do período correspondente, com acréscimo de, no mínimo, 50% sobre o valor da remuneração da hora normal de trabalho (art. 71 da CLT).

OJ-SDI1-342 do TST: INTERVALO INTRAJORNADA PARA REPOUSO E ALIMENTAÇÃO. NÃO CONCESSÃO OU REDUÇÃO. PREVISÃO EM NORMA COLETIVA. INVALIDADE. EXCEÇÃO AOS CONDUTORES DE VEÍCULOS RODOVIÁRIOS, EMPREGADOS EM EMPRESAS DE TRANSPORTE COLETIVO URBANO (alterada em decorrência do julgamento do processo TST IUJ-EEDEDRR-1226/2005-005-24-00.1) — Resolução n. 159/09, DEJT divulgado em 23, 24 e 25.11.2009. I — É inválida cláusula de acordo ou convenção coletiva de trabalho contemplando a supressão ou redução do intervalo intrajornada porque este constitui medida de higiene, saúde e segurança do trabalho, garantido por norma de ordem pública (art. 71 da CLT e art. 7º, XXII, da CRFB/1988), infenso à negociação coletiva. II — Ante a natureza do serviço e em virtude das condições especiais de trabalho a que são submetidos estritamente os condutores e cobradores de veículos rodoviários, empregados em empresas de transporte público coletivo urbano, é válida cláusula de acordo ou convenção coletiva de trabalho contemplando a redução do intervalo intrajornada, desde que garantida a redução da jornada para, no mínimo, sete horas diárias ou quarenta e duas semanais, não prorrogada, mantida a mesma remuneração e concedidos intervalos para descanso menores e fracionados ao final de cada viagem, não descontados da jornada.

OJ-SDI1-354 do TST: INTERVALO INTRAJORNADA. ART. 71, § 4º, DA CLT. NÃO CONCESSÃO OU REDUÇÃO. NATUREZA JURÍDICA SALARIAL. DJ 14.3.2008. Possui natureza salarial a parcela prevista no art. 71, § 4º, da CLT, com redação introduzida pela Lei n. 8.923, de 27 de julho de 1994, quando não concedido ou reduzido pelo empregador o intervalo mínimo intrajornada para repouso e alimentação, repercutindo, assim, no cálculo de outras parcelas salariais.

AGRAVO DE INSTRUMENTO EM RECURSO DE REVISTA — INTERVALO INTRAJORNADA. Não tendo a reclamada cumprido a determinação legal do art. 71, § 4º, da CLT, a concessão parcial do intervalo é considerada inexistente, nos termos da Orientação Jurisprudencial n. 307 da SBDI-1 desta Corte, devendo ser paga integralmente até mesmo quando o referido intervalo foi parcialmente usufruído. De igual modo, aplica-se a Orientação Jurisprudencial n. 354 da SBDI-1 desta Corte no que se refere à natureza salarial da verba e sua repercussão em outras parcelas. Incide a hipótese do art. 896, § 4º, da CLT e da Súmula n. 333 do TST. **Agravo de instrumento desprovido.** Processo: AIRR-98140-49.2005.5.02.0055. Data de Julgamento: 8.9.2010. Relator: Ministro Luiz Philippe Vieira de Mello Filho. 1ª Turma. Data de divulgação: DEJT 17.9.2010.[37]

AGRAVO DE INSTRUMENTO. RECURSO DE REVISTA. 1. RESPONSABILIDADE SUBSIDIÁRIA. INCIDÊNCIA DA SÚMULA N. 331, IV, DO TST. Decisão regional em sintonia com a iterativa, notória e atual jurisprudência desta Corte, consubstanciada no inciso IV da Súmula n. 331/TST. **2. INTERVALO INTRAJORNADA E HORA NOTURNA REDUZIDA. NÃO CONCESSÃO. IMPOSSIBILIDADE. NORMAS DE ORDEM PÚBLICA.** A decisão recorrida está em harmonia com a jurisprudência desta Corte no sentido de que o empregado faz jus ao **intervalo intrajornada** e à hora noturna reduzida, ainda que trabalhe em regime de 12x36 horas, por serem direitos tutelados por norma de ordem pública, cujo objetivo é garantir a higidez física e mental do trabalhador. Óbice do art. 896, § 4º, da CLT e da Súmula n. 333 desta Corte. **3. SEGURO--DESEMPREGO.** O entendimento predominante desta Corte, sedimentado no item II da Súmula n. 389, é o de que dá origem à indenização o não fornecimento pelo empregador da guia necessária para o recebimento do seguro-desemprego. **Agravo de instrumento conhecido e não provido.** Processo: AIRR-31840-75.2005.5.05.0038. Data de julgamento: 11.6.2008. Relatora: Ministra Dora Maria da Costa. 8ª Turma. Data de publicação: DJ 13.6.2008.[38]

---

(37) Disponível em: <http://aplicacao.tst.jus.br/consultaunificada2/jurisSearch.do>. Acesso em: 18 set. 2010.
(38) Disponível em: <http://aplicacao.tst.jus.br/consultaunificada2/jurisSearch.do>. Acesso em: 18 set. 2010.

RECURSO DE REVISTA. ADICIONAL DE PERICULOSIDADE. A decisão do Tribunal Regional, fundamentada na prova pericial, não pode ser reexaminada nesta instância extraordinária, em face do óbice da Súmula n. 126 do TST. Recurso de revista de que não se conhece. **INTERVALO INTRAJORNADA. NEGOCIAÇÃO COLETIVA. REDUÇÃO.** Ao teor da OJ n. 342 da SBDI-1 do TST, é inválida cláusula de acordo ou convenção coletiva de trabalho contemplando a supressão ou redução do intervalo intrajornada, porque este constitui medida de higiene, saúde e segurança do trabalho, garantido por norma de ordem pública (arts. 71 da CLT e 7º, XXII, da CRFB/1988), infenso a negociação coletiva. Recurso de revista a que se dá provimento. Processo: RR-225200- -97.2003.5.02.0047. Data de Julgamento: 1º.9.2010. Relatora: Ministra Kátia Magalhães Arruda. 5ª Turma. Data de Divulgação: DEJT 10.9.2010.[39]

2.13.2. Intervalo interjornada

O intervalo interjornada é aquele concedido entre duas jornadas diárias de trabalho.

Estabelece o art. 66, da CLT, que: "Entre 2 (duas) jornadas de trabalho haverá um período mínimo de 11 (onze) horas consecutivas para descanso".

O referido intervalo também é aplicado para o empregado rural, conforme o disposto no art. 5º da Lei n. 5.889/73:

> Art. 5º Em qualquer trabalho contínuo de duração superior a seis horas, será obrigatória a concessão de um intervalo para repouso ou alimentação observados os usos e costumes da região, não se computando este intervalo na duração do trabalho. Entre duas jornadas de trabalho haverá um período mínimo de onze horas consecutivas para descanso.[40]

2.13.2.1. Intervalo interjornada e suspensão do contrato individual de trabalho

Os intervalos são uma espécie de suspensão da prestação de serviço, que se presta para o descanso e a recuperação física do trabalhador. No referido período ocorre uma paralisação transitória da prestação de serviço, porém a ausência do trabalhador não afeta o seu tempo de serviço, haja vista que o período de afastamento é computado para todos os efeitos legais em razão de que não há a cessação contratual.

Ocorre, porém, a supressão do referido intervalo, em prejuízo ao descanso e saúde do trabalhador, podendo implicar o pagamento total do período correspondente, com acréscimo de, no mínimo, 50% sobre o valor da remuneração da hora normal de trabalho, conforme o disposto no art. 71 da CLT, e Orientações Jurisprudenciais n. 354 e 355, da SBDI1, e Súmula n. 110, todas do TST.

Conforme explicam Francisco Ferreira Jorge Neto e Jouberto de Quadros Pessoa Cavalcante[41]:

---

(39) Disponível em: <http://aplicacao.tst.jus.br/consultaunificada2/jurisSearch.do>. Acesso em: 18 set. 2010.
(40) Disponível em: <http://www.planalto.gov.br/ccivil_03/Leis/L5889.htm>. Acesso em: 19 set. 2010.
(41) JORGE NETO, Francisco Ferreira; CAVALCANTE, Jouberto de Quadros Pessoa. *Direito do trabalho*, p. 614.

O gozo efetivo do intervalo interjornada representa uma suspensão do contrato individual de trabalho, na medida em que se tem a paralisação dos serviços sem a obrigatoriedade do pagamento dos salários. Porém, no regime de revezamento, as horas trabalhadas em seguida ao repouso semanal remunerado de 24 horas, com prejuízo do intervalo mínimo de 11 horas consecutivas, para descanso entre jornadas, devem ser remuneradas como extraordinárias, inclusive o respectivo adicional (Súmula n. 110, TST). Mesmo após o descanso semanal remunerado de 24 horas, o intervalo de 11 horas haverá de ser cumprido.

2.13.2.2. Intervalo interjornada natureza salarial

Nos termos da Orientação Jurisprudencial n. 355 da SBDI1 do TST, o desrespeito ao intervalo mínimo interjornadas previsto no art. 66 da CLT acarreta, por analogia ao conteúdo da Orientação Jurisprudencial n. 354 da SBDI1 do TST, os mesmos efeitos previstos no § 4º do art. 71 da CLT e na Súmula n. 110 do TST, devendo-se pagar a integralidade das horas que foram subtraídas do intervalo, acrescidas do respectivo adicional.

Súmula n. 110 do TST: JORNADA DE TRABALHO. INTERVALO (mantida) — Resolução n. 121/03, DJ 19, 20 e 21.11.2003. No regime de revezamento, as horas trabalhadas em seguida ao repouso semanal de 24 horas, com prejuízo do intervalo mínimo de 11 horas consecutivas para descanso entre jornadas, devem ser remuneradas como extraordinárias, inclusive com o respectivo adicional.

2.13.3. Intervalos especiais

Intervalos especiais são os aplicados a determinadas profissões e que normalmente fogem à regra geral.

Serviços	Norma	Aplicação
Mecanografia (datilografia, escrituração e cálculo)	Art. 72, CLT	Intervalo de 10 minutos a cada 90 minutos de trabalho consecutivo, o qual não é deduzido da duração normal do trabalho.
Digitadores	Art. 72, CLT	Ante a similaridade de atividades com os de mecanografia, o intervalo determinado no referido art. 72 é aplicado por analogia aos serviços dos digitadores nos termos da Súmula n. 346 do TST.
Bancários	Art. 224, § 1º, CLT	§ 1º A duração normal do trabalho estabelecida neste art. ficará compreendida entre 7 (sete) e 22 (vinte e duas) horas, assegurando-se ao empregado, no horário diário, um intervalo de 15 (quinze) minutos para alimentação.

Serviços	Norma	Aplicação
Câmaras Frigoríficas	Art. 253, CLT	Para os empregados que trabalham no interior das câmaras frigoríficas e para os que movimentam mercadorias do ambiente quente ou normal para o frio e vice-versa, depois de 1 (uma) hora e 40 (quarenta) minutos de trabalho contínuo, será assegurado um período de 20 (vinte) minutos de repouso, computado esse intervalo como de trabalho efetivo.
Mineiros	Art. 298, CLT	Em cada período de 3 (três) horas consecutivas de trabalho, será obrigatória uma pausa de 15 (quinze) minutos para repouso, a qual será computada na duração normal de trabalho efetivo.
Telefonia, Radiotelefonia e Radiotelegrafia	Art. 229, CLT	Para os empregados sujeitos a horários variáveis, fica estabelecida a duração máxima de 7 (sete) horas diárias de trabalho e 17 (dezessete) horas de folga, deduzindo-se deste tempo 20 (vinte) minutos para descanso, de cada um dos empregados, sempre que se verificar um esforço contínuo de mais de 3 (três) horas.
Médicos	Art. 8º, § 1º Lei n. 3.999/61	Para cada noventa minutos de trabalho, gozará o médico de um repouso de dez minutos.
Mulher em jornada extraordinária	Art. 384, CLT	Em caso de prorrogação do horário normal, será obrigatório um descanso de 15 (quinze) minutos no mínimo, antes do início do período extraordinário do trabalho.
Mulher em fase de amamentação	Art. 396, CLT	Para amamentar o próprio filho, até que este complete 6 (seis) meses de idade, a mulher terá direito, durante a jornada de trabalho, a 2 (dois) descansos especiais de meia hora cada um.
Teleatendimento/ Telemarketing	Portaria MTPS n. 3.214/78 — Anexo II da NR-17	5.4.1. As pausas deverão ser concedidas: b) em 2 (dois) períodos de 10 (dez) minutos contínuos; c) após os primeiros e antes dos últimos 60 (sessenta) minutos de trabalho em atividade de teleatendimento/telemarketing. 5.4.1.1. A instituição de pausas não prejudica o direito ao intervalo obrigatório para repouso e alimentação previsto no §1º do art. 71 da CLT. 5.4.2. O intervalo para repouso e alimentação para a atividade de teleaten-dimento/telemarketing deve ser de 20 (vinte) minutos. 5.4.3. Para tempos de trabalho efetivo de teleatendimento/telemarketing de até 4 (quatro) horas diárias, deve ser observada a concessão de 1 (uma) pausa de descanso contínua de 10 (dez) minutos.

2.13.3.1. *Súmulas, Orientações Jurisprudenciais, notícias*

Súmula n. 346 do TST. DIGITADOR. INTERVALOS INTRAJORNADA. APLICAÇÃO ANALÓGICA DO ART. 72 DA CLT (mantida) — Resolução n. 121/03, DJ 19, 20 e 21.11.2003. Os digitadores, por aplicação analógica do art. 72 da CLT, equiparam-se aos trabalhadores nos serviços de mecanografia (datilografia, escrituração ou cálculo), razão pela qual têm direito a intervalos de descanso de 10 (dez) minutos a cada 90 (noventa) de trabalho consecutivo.

CONSTITUIÇÃO NÃO INVALIDOU INTERVALO DE DESCANSO PARA MULHERES. Em caso de prorrogação do horário normal, as trabalhadoras têm direito a descanso de 15 minutos, no mínimo, antes do início do período extraordinário de trabalho. A previsão está no art. 384 da CLT que trata da proteção ao trabalho da mulher e não perdeu a validade com o advento da Constituição Federal de 1988. As divergências existentes quanto à aplicabilidade da norma celetista pós--Constituição foram dirimidas pelo Pleno do Tribunal Superior do Trabalho, em 17.11.2008. Por esse motivo, em julgamento recente, a Terceira Turma do TST condenou a Caixa Econômica Federal a pagar como extras os intervalos previstos na CLT e não concedidos às empregadas mulheres da empresa. Em decisão unânime, o colegiado acompanhou voto do ministro Alberto Luiz Bresciani de Fontan Pereira e deu provimento parcial ao recurso de revista do Sindicato dos Empregados em Estabelecimentos Bancários de Ponta Grossa e Região. O Sindicato pretendia que os 15 minutos de descanso fossem pagos como horas extras tanto para o pessoal do sexo feminino quanto masculino. O juízo de primeiro grau e o Tribunal do Trabalho do Paraná (9ª Região) negaram ambos os pedidos. O TRT destacou que a Constituição estabelece que homens e mulheres são iguais em direitos e obrigações (art. 5º, I), logo a disposição do art. 384 da CLT não teria sido recepcionada pela Constituição. Para o Regional, a existência de desigualdades de ordem física e fisiológica entre homens e mulheres não é fundamento para invalidar o princípio isonômico previsto na Constituição, porque essas desigualdades só garantem à trabalhadora diferenciação de tratamento no que se refere à própria condição da mulher, como acontece, por exemplo, na hipótese de a empregada estar grávida e ter direito à licença-maternidade. O ministro Alberto Bresciani explicou que esse assunto já está superado no âmbito do TST com a decisão tomada em novembro de 2008: embora a Constituição declare que homens e mulheres são iguais em direitos e obrigações, permanece em vigor a norma do art. 384 da CLT. O relator ainda esclareceu que a norma dispõe sobre proteção ao trabalho da mulher, portanto, é aplicável somente a ela, e não aos empregados do sexo masculino, como requereu o sindicato. (Lilian Fonseca) Fonte: RR-25200-65.2009.5.09.0665 TST, em Notícias de 23.9.2010.

2.13.4. Repouso Semanal Remunerado

Trata-se da folga a que tem direito o empregado, após determinado número de dias ou horas de trabalho por semana, medida de caráter social, higiênico e recreativo, visando à recuperação física e mental do trabalhador; é folga paga pelo empregador. A princípio, o período deve ser de 24 horas consecutivas, que deverão coincidir, preferencialmente, no todo ou em parte, com o domingo.

2.13.4.1. Fundamento histórico

Segundo o dicionário eletrônico Houaiss[42], o termo repouso significa: "ato ou efeito de repousar; 1 ausência, cessação de movimento, de trabalho 1.1 descanso, quietação; folga; 2 Derivação: sentido figurado; isenção de problemas, de agitações; tranquilidade de espírito; 3 sono; 4 pausa na leitura ou na declamação".

A observância do descanso semanal remunerado resulta de origem religiosa: "os hebreus costumavam descansar aos sábados, consoante o preceito da Escritura Sagrada segundo o qual Deus, ao criar o mundo, descansou no sétimo dia"[43].

---

(42) HOUAISS, Antonio. *Dicionário eletrônico*. Rio de Janeiro: Objetiva, 2002. CD-rom.
(43) SÜSSEKIND, Arnaldo; MARANHÃO, Délio; VIANNA, Segadas. *Instituições de Direito do Trabalho*, p. 721.

Conforme cita Amauri Mascaro Nascimento[44]: o primeiro preceito civil que reconhece o descanso dominical provém, segundo os historiadores, do Imperador Constantino, em 321 a.C., ao proibir, nos domingos, toda e qualquer espécie de trabalho, exceto as atividades agrícolas.

2.13.4.2. Evolução da legislação do Repouso Semanal Remunerado no Brasil

No Brasil, o referido instituto teve a seguinte evolução:

a) Inicialmente, as primeiras leis eram esparsas para determinadas categorias profissionais, tendo sido reunidas em 1940, através do Decreto-lei n. 2.308, que, ao dispor sobre a jornada diária, também estabeleceu normas sobre o descanso semanal[45];

b) Em 1943, a CLT, através do disposto nos arts. 67 a 70[46], reproduziu as normas citadas no Decreto-lei n. 2.308/40;

c) Em 1949, a Lei n. 605, regulamentada pelo Decreto n. 27.048/49, estabeleceu de forma específica normas sobre a matéria.

d) O referido instituto está consagrado nas Constituições de 1934, 1937, 1946, 1967 e 1988.

Constituição de 1988: art. 7º, inciso XV — "repouso semanal remunerado, preferencialmente aos domingos".

2.13.4.3. Aplicação do Descanso Semanal Remunerado

Através do art. 1º da Lei n. 605/1949, há a determinação de que "todo o empregado tem direito ao repouso semanal remunerado de vinte e quatro horas

---

(44) NASCIMENTO, Amauri Mascaro. *Curso de direito do trabalho*, p. 923-924.
(45) *Ibidem*, p. 925.
(46) CLT. Art. 67. Será assegurado a todo empregado um descanso semanal de 24 (vinte e quatro) horas consecutivas, o qual, salvo motivo de conveniência pública ou necessidade imperiosa do serviço, deverá coincidir com o domingo, no todo ou em parte. Parágrafo único — Nos serviços que exijam trabalho aos domingos, com exceção quanto aos elencos teatrais, será estabelecida escala de revezamento, mensalmente organizada e constando de quadro sujeito à fiscalização. Art. 68. O trabalho em domingo, seja total ou parcial, na forma do art. 67, será sempre subordinado à permissão prévia da autoridade competente em matéria de trabalho. Parágrafo único — A permissão será concedida a título permanente nas atividades que, por sua natureza ou pela conveniência pública, devem ser exercidas aos domingos, cabendo ao Ministro do Trabalho, Indústria e Comércio, expedir instruções em que sejam especificadas tais atividades. Nos demais casos, ela será dada sob forma transitória, com discriminação do período autorizado, o qual, de cada vez, não excederá de 60 (sessenta) dias. Art. 69. Na regulamentação do funcionamento de atividades sujeitas ao regime deste Capítulo, os municípios atenderão aos preceitos nele estabelecidos, e as regras que venham a fixar não poderão contrariar tais preceitos nem as instruções que, para seu cumprimento, forem expedidas pelas autoridades competentes em matéria de trabalho. Art. 70. Salvo o disposto nos arts. 68 e 69, é vedado o trabalho em dias feriados nacionais e feriados religiosos, nos termos da legislação própria.

consecutivas, preferencialmente aos domingos e, nos limites das exigências técnicas das empresas, nos feriados civis e religiosos, de acordo com a tradição local".

O Decreto n. 27.048/1949, que regulamentou a referida Lei n. 605/1949, através do art. 6º, estabelece que:

> Art 6º Excetuados os casos em que a execução dos serviços for imposta pelas exigências técnicas das empresas, é vedado o trabalho nos dias de repouso a que se refere o art. 1º, garantida, entretanto, a remuneração respectiva.

Os dias de repouso a que se refere o art. 1º do Decreto são os domingos e feriados.

Portanto, a princípio, o Descanso Semanal Remunerado deve coincidir com o dia de domingo, exceto para aqueles trabalhadores que atuam em atividades autorizadas a funcionar neste dia.

A autorização para funcionar nos domingos e feriados pode ser concedida de duas formas, conforme o disposto no Decreto n. 27.048/1949:

a) em caráter permanente — através de decreto do Poder Executivo. Observe-se que o Decreto n. 27.048/1949 já enumera 58 atividades para as quais se permite o trabalho nos dias de descanso.

b) em caráter provisório — através de Portaria dos Delegados Regionais do Trabalho, desde que demonstrada a ocorrência de motivo de força maior ou para a realização ou conclusão de serviços inadiáveis ou cuja inexecução possa acarretar prejuízo manifesto, pelo período máximo de 60 (sessenta) dias.

2.13.4.4. Feriados e Descanso Semanal Remunerado

Consoante previsão legal, e definição dada por Mauricio Godinho Delgado[47], o "descanso ou repouso semanal remunerado é o lapso temporal de vinte e quatro horas consecutivas em que a prestação de serviços é interrompida, podendo coincidir, preferencialmente, com o domingo".

Quanto aos feriados, podem ser definidos, segundo M. Giustiniani[48], como sendo aqueles utilizados para: "satisfazer exigências cívicas e religiosas tradicionais e profundamente radicadas na consciência popular, e, ao mesmo tempo, interessar o empregado pela sociabilidade e vida familiar".

---

(47) DELGADO, Mauricio Godinho. *Curso de direito do trabalho*. 9. ed. São Paulo: LTr, 2010. p. 878.
(48) GIUSTINIANI, M. L´orario e i riposi di lavoro, in Trattato, de Borsi e Pergolesi. vol. II, p. 178. In: GOMES, Orlando; GOTTSCHALK, Élson. *Curso de direito do trabalho*. 1. ed. Rio de Janeiro: Forense, 1991. p. 335.

Ou, de uma forma mais didática, conforme Mauricio Godinho Delgado[49], como os "lapsos temporais de um dia, situados ao longo do ano-calendário, eleitos pela legislação em face de datas comemorativas cívicas ou religiosas específicas, em que o empregado pode sustar a prestação de serviços e sua disponibilidade perante o empregador".

2.13.4.5. Feriados nacionais

A Lei n. 10.607, de 19.12.2002, que revogou a Lei n. 1.266/50, declara quais são os dias considerados feriados nacionais:

1º de janeiro — Confraternização Universal;

21 de abril — Tiradentes;

1º de maio — Dia do Trabalho;

7 de setembro — Independência do Brasil;

2 de novembro — Finados;

15 de novembro — Proclamação da República;

25 de dezembro — Natal.

A Lei n. 6.802, de 1980, estabeleceu o dia 12 de outubro — Dia da Padroeira do Brasil, Nossa Senhora Aparecida.

A Lei n. 9.093, de 1995, estabeleceu como feriado:

— a sexta-feira da Paixão, aliás, a referida Lei fixa o limite máximo de 4 (quatro) feriados religiosos de origem local, já incluído o da referida data (art. 2º); e

— como feriados civis (art. 1º):

I — os declarados em lei federal;

II — a data magna do Estado fixada em lei estadual;

III — os dias do início e do término do ano do centenário de fundação do Município, fixados em lei municipal.

2.13.4.6. Carnaval

A legislação em âmbito federal não determina que os dias de carnaval e cinzas sejam feriados, podendo, portanto, se objetos de prévio acordo de compensação, observadas as seguintes disposições:

---

(49) DELGADO, Mauricio Godinho. *Curso de direito do trabalho*, p. 878.

a) a empresa pode adotar o critério da concessão de folgas e a compensação desses dias;

b) para as instituições financeiras, de acordo com a Resolução BACEN n. 2.932/02, a segunda-feira e a terça-feira de carnaval são considerados dias não úteis e na quarta-feira de cinzas deverá haver atendimento ao público por, no mínimo, duas horas, costumeiramente, no período da tarde. O período considerado não será objeto de compensação.

2.13.5. Jurisprudência

RECURSO DE REVISTA. HORAS EXTRAS. BANCO DE HORAS. LIMITAÇÃO AO ADICIONAL. INAPLICABILIDADE DA SÚMULA N. 85/TST. Afirmado pelo e. TRT que se trata de banco de horas, inaplicável a Súmula n. 85/TST, porquanto referida diretriz jurisprudencial não disciplina essa forma de ajuste compensatório, já que se refere à compensação semanal e não anual. Nesse sentido tem decidido esta e. Turma. Precedentes. **HORAS EXTRAS. INTERVALO INTRAJORNADA DE OUTUBRO E NOVEMBRO DE 2005.** A decisão revisanda, da forma como prolatado revela harmonia com as Orientações da SBDI-TST (OJs n. 307 e 354). Incidência da Súmula n. 333/TST. **CARNAVAL. TERÇA-FEIRA. FERIADO. PAGAMENTO EM DOBRO.** A Lei n. 605/1949, em seu art. 1º, diz que são feriados os dias considerados tradição local, o que abrange a terça-feira de carnaval, considerada feriado em todo o País e responsável pela projeção do Brasil no cenário cultural internacional. Ademais, o inciso III do art. 62 da Lei n. 5.010, de 30.5.1966, dispõe que o feriado de carnaval abrange a segunda e a terça-feiras. Destarte, correta a decisão revisanda que reconheceu que o trabalho realizado no carnaval, e não compensado, deve ser remunerado em dobro. Recurso de revista parcialmente conhecido e não provido. Processo: RR-2064500-39.2006.5.09.0007. Data de julgamento: 16.6.2010. Relator: Ministro Horácio Raymundo de Senna Pires. 3ª Turma. Data de divulgação: DEJT 6.8.2010.[50]

2.14. Prontidão e sobreaviso

Os períodos em que o empregado permanece de prontidão e sobreaviso resultam de critérios específicos de determinadas categorias profissionais, haja vista as exigências e peculiaridades da atividade a ser desenvolvida. Referidas figuras tiveram sua origem no ordenamento brasileiro através do trabalho desenvolvido pelos ferroviários, sendo posteriormente, por analogia, aplicada a outras atividades.

Conforme esclarece Mauricio Godinho Delgado[51], com relação aos referidos períodos, a "...integração à jornada será sempre parcial, fracionada — integração especial, portanto —, já que o período de prontidão e o período de sobreaviso não se computam na jornada e respectiva remuneração...".

---

(50) Disponível em: <http://aplicacao2.tst.jus.br/consultaunificada2/>. Acesso em: 17 out. 2010.
(51) DELGADO, Mauricio Godinho. *Curso de direito do trabalho*, p. 793.

2.14.1. Conceito de prontidão e aplicação

Tempo de prontidão (horas de prontidão) compreende o período em que o empregado fica nas dependências da empresa aguardando ordens. Referida figura resulta do disposto no § 3º, do art. 244, da CLT, que assim dispõe: "considera-se de 'prontidão' o empregado que ficar nas dependências da estrada, aguardando ordens".

Período de escala — estabelece a norma do § 3º que "a escala de prontidão será, no máximo, de doze horas";

Observe-se, conforme o disposto no § 4º, art. 244, CLT, que, se no estabelecimento ou dependência em que se achar o empregado, houver facilidade de alimentação, as doze horas de prontidão, a que se refere o § 3º, do art. 244, da CLT, poderão ser contínuas.

Entretanto, quando não existir essa facilidade, depois de seis horas de prontidão, haverá sempre um intervalo de uma hora para cada refeição, que não será, nesse caso, computada como de serviço (§ 4º, art. 244, CLT).

Remuneração — As horas de prontidão serão, para todos os efeitos, contadas à razão de 2/3 (dois terços) do salário-hora normal (§ 3º, art. 244, CLT).

2.14.2. Conceito de sobreaviso e aplicação

Tempo de sobreaviso (horas e sobreaviso) compreende o período em que o empregado fica em sua residência aguardando ordens da empresa, conforme o disposto no § 2º, do art. 244, da CLT: "considera-se de 'sobreaviso' o empregado efetivo que permanecer em sua própria casa, aguardando a qualquer momento o chamado para o serviço".

Período de escala — estabelece a norma do § 2º que cada escala de "sobreaviso" será, no máximo, de vinte e quatro horas.

Remuneração — As horas de "sobreaviso", para todos os efeitos, serão contadas à razão de 1/3 (um terço) do salário normal (§ 2º, art. 244, CLT).

2.14.2.1. Sobreaviso e utilização de bip, telefone celular e outros aparelhos de chamada

Conforme se observa do conceito de sobreaviso, para que se configure a situação, devem ser atendidos dois requisitos: o primeiro, o empregado fica em sua residência; o segundo; aguarda ordens da empresa.

Por óbvio, a evolução tecnológica trouxe novos rumos aos meios de comunicação, podendo o empregado portar, quer seja por exigência do empregador ou mesmo por interesse próprio, aparelhos como bip, telefone celular, "pager" e outros aparelhos de chamada. Entretanto, conforme jurisprudência que se tem formado nos tribunais, o simples fato de portar algum dos novos instrumentos de comunicação não é suficiente para configurar a condição de "sobreaviso", devendo o trabalhador preencher todos os requisitos, ou seja, também estar em sua residência aguardando ordens da empresa.

2.14.2.2. Súmulas, Orientações Jurisprudenciais e Jurisprudência

OJ-SDI1-49 do TST. HORAS EXTRAS. USO DO BIP. NÃO CARACTERIZADO O "SOBREAVISO".
Inserida em 1º.2.1995 (inserido dispositivo, DJ 20.4.2005). O uso do aparelho BIP pelo empregado, por si só, não caracteriza o regime de sobreaviso, uma vez que o empregado não permanece em sua residência aguardando, a qualquer momento, convocação para o serviço.

Súmula n. 132 do TST — ADICIONAL DE PERICULOSIDADE. INTEGRAÇÃO (incorporadas as Orientações Jurisprudenciais n. 174 e 267 da SBDI-1) — Resolução n. 129/05, DJ 20, 22 e 25.4.2005.

I — O adicional de periculosidade, pago em caráter permanente, integra o cálculo de indenização e de horas extras (ex-Prejulgado n. 3). (ex-Súmula n. 132 — RA 102/82, DJ 11.10.1982/ DJ 15.10.1982 — e ex-OJ n. 267 da SBDI-1 — inserida em 27.9.2002)

II — Durante as horas de sobreaviso, o empregado não se encontra em condições de risco, razão pela qual é incabível a integração do adicional de periculosidade sobre as mencionadas horas. (ex-OJ n. 174 da SBDI-1 — inserida em 8.11.2000).

Súmula n. 229 do TST — SOBREAVISO. ELETRICITÁRIOS (nova redação) — Resolução n. 121/ 03, DJ 19, 20 e 21.11.2003.

Por aplicação analógica do art. 244, § 2º, da CLT, as horas de sobreaviso dos eletricitários são remuneradas à base de 1/3 sobre a totalidade das parcelas de natureza salarial.

Uso de telefone celular fora da jornada de trabalho não caracteriza sobreaviso.

HORAS DE SOBREAVISO. TELEFONE CELULAR. O empregado que utiliza o celular não permanece estritamente à disposição do empregador como previsto no art. 244 da CLT, visto que o telefone celular permite ao empregado afastar-se de sua residência sem prejuízo de uma eventual convocação do empregador. Inteligência da Orientação Jurisprudencial n. 49 da SDI-1. Recurso de Revista de que se conhece e a que se dá provimento. Processo: RR-488700- -23.2007.5.09.0661. Data de julgamento: 5.5.2010. Relator: Ministro João Batista Brito Pereira. 5ª Turma. Data de divulgação: DEJT 28.6.2010. Fonte: TST, em Notícias de 28.5.2010.[52]

2.14.2.3. Normas diferenciadas que preveem o sobreaviso

a) Lei n. 5.811/72 — dispõe sobre o regime de trabalho dos empregados nas atividades de exploração, perfuração, produção e refinação de petróleo, industrialização do xisto, indústria petroquímica e transporte de petróleo e seus derivados por meio de dutos, e determina através do art. 5º, § 1º,

---

(52) Disponível em: <http://aplicacao.tst.jus.br/consultaunificada2/jurisSearch.do>. Acesso em: 12 set. 2010.

como sendo "regime de sobreaviso aquele que o empregado permanece à disposição do empregador por um período de 24 (vinte e quatro) horas para prestar assistência aos trabalhos normais ou atender às necessidades ocasionais de operação" [53].

b) Lei n. 7.183/84 — dispõe sobre o regime de trabalho dos aeronautas; assim dispõe no art. 25 — "sobreaviso é o período de tempo não excedente à 12 (doze) horas, em que o aeronauta permanece em local de sua escolha, à disposição do empregador, devendo apresentar-se no aeroporto ou em outro local determinado em até 90 (noventa) minutos após receber comunicação para o início de nova tarefa".

2.15. Trabalho em regime 12x24, 12x36, 12x48 etc.

O trabalho em regime de horários diferenciados, como alguns autores (Alice Monteiro de Barros, Mauricio Godinho Delgado, entre outros) denominam de "jornadas especiais", são utilizados em atividades que, pela sua característica, como, por exemplo: saúde, vigilância, aeronautas etc., apresentam uma jornada fora do padrão de 8 (oito) horas diárias.

Conforme esclarece Mauricio Godinho Delgado[54], tratam-se de:

> [...] reduzido número de categorias profissionais (ou determinadas frações dessas categorias), que, em face das peculiaridades do setor, tendem a se submeter à fixação de lapsos temporais diários mais amplos de trabalho (sem prejuízo do padrão geral semanal de 44 horas, repita-se). São exemplos significativos dessas categorias que têm jornadas eventualmente superiores à 8 horas ao dia os aeronautas; os trabalhadores nos setores de petróleo, petroquímica e indústria de xisto; os eletricitários; os ferroviários.

Nos estabelecimentos de saúde, é prática comum a utilização da jornada 12x36, ou seja, doze horas de trabalho diário seguido de trinta e seis horas de descanso; já as escalas em 12x24 e 12x48 são comumente utilizadas em serviços de vigilância e guarda.

2.15.1. Requisitos para utilização de regime diferenciado

Escalas de trabalho nos regimes 12x24 e 12x48 afrontam as disposições legais relativas à compensação de horas de trabalho (art. 59, § 2º, da CLT), razão pela qual a jurisprudência do TST tem admitido a execução das jornadas especiais, desde que:

---

(53) Disponível em: <http://solatelie.com/cfap/legislacao/ordinarias/5811_72.htm>. Acesso em: 19. out. 2010.
(54) DELGADO, Mauricio Godinho. *Curso de direito do trabalho*, p. 827.

a) seja fixada mediante acordo ou norma coletiva de trabalho, referida exigência atende a dois princípios: em primeiro, a determinação constitucional inserida no inciso XIII, do art. 7º, que "facultada a compensação de horários e a redução da jornada, mediante acordo ou convenção coletiva de trabalho", e em segundo, em razão do princípio da simetria entre os contratantes, com fim fundamental de tornar possível a igualdade entre os agentes e assim proteger o hipossuficiente;

b) não ocorra prejuízo para o empregado quanto ao descanso semanal remunerado;

c) não exista a supressão do intervalo intrajornada;

d) não ocorra prejuízo do padrão geral semanal de 44 horas, ou seja, não sejam extrapoladas referidas horas semanais.

2.15.2. Validade ou não de documentos normativos coletivos e o princípio da proteção

Conforme já citado, a utilização de sistema diferenciado de duração de jornada traz para a sua aplicação uma série de requisitos que, se não forem atendidos, farão acarretar para o empregador o pagamento como extraordinárias todas as horas laboradas em excesso.

Como requisito primeiro há o questionamento quanto à validade dos documentos normativos, haja vista que as jornadas em tópico se apresentam como violadoras aos parâmetros mínimos de proteção ao trabalhador, mais precisamente o extrapolamento da jornada diária máxima permitida e, em alguns casos, inclusive em prejuízo ao padrão geral de 44 horas semanais.

O objetivo principal da negociação coletiva é a melhoria das condições de negociação do empregado frente ao empregador, ou seja, conforme cita Henriette Cordeiro Guérios[55], "a participação dos sindicatos nas negociações coletivas de trabalho visa assegurar a participação de todos os envolvidos, principalmente os empregados de forma igualitária, garantindo-se os seus direitos", mormente pelo fato de que os direitos trabalhistas são, em sua maioria, considerados indisponíveis — cláusulas pétreas na Constituição. Entretanto, a própria Constituição prevê a possibilidade de negociação de direitos: art. 7º, incisos VI, XIII e XIV, que prioriza a negociação coletiva (acordo ou convenção coletiva de trabalho).

Na lição de João de Lima Teixeira Filho[56]:

> [...] a negociação coletiva de trabalho pode ser singelamente definida como o processo democrático de autocomposição de interesses pelos

---

[55] GUÉRIOS, Henriette Cordeiro. Obrigatoriedade da participação dos sindicatos nas negociações coletivas de trabalho; direitos e obrigações. In: VILLATORE, Marco Antônio César (org.); HASSON, Roland (org.). *Direito constitucional do trabalho* — Vinte anos depois. Curitiba: Juruá, 2008. p. 550.
[56] TEIXEIRA FILHO, João de Lima. *Instituições do direito do trabalho*. vol. II, 16. ed. São Paulo: LTr, 1996. p. 1.127.

próprios atores sociais, objetivando a fixação de condições de trabalho aplicáveis a uma coletividade de empregados de determinada empresa ou de toda uma categoria econômica e a regulação das relações entre as entidades estipulantes. *A negociação coletiva é, assim, um processo dinâmico de busca do ponto de equilíbrio entre interesses divergentes capaz de satisfazer, transitoriamente, as necessidades presentes dos trabalhadores e manter equilibrados os custos de produção.* Negociar significa, acima de tudo, disposição de discutir em torno de certos temas com o objetivo de chegar a um consenso, a um ponto de convergência. (grifos nossos)

Constata-se, assim, no plano das relações individuais de trabalho, a desigualdade econômica e social entre o empresário e o empregado, o que faz impor o reforço da vontade do economicamente débil, atendendo ao princípio da proteção, que conforme esclarece Henrique Macedo Hinz[57], nas relações coletivas de trabalho, o referido princípio "o da *proteção*, do qual provém o da *norma mais favorável* — é substituído pelo da *autonomia privada coletiva*" (grifos no original).

Portanto, o desequilíbrio muda quando se pensa na relação coletiva. As partes da negociação se colocam em pé de igualdade e a paridade econômica e social fica assegurada, concebendo-se, então, que o acordo ou convenção coletiva de trabalho possa alterar normas imperativas, não em prol da individualidade, mas da coletividade, o que faz tornar válidos referidos instrumentos, desde que elaborados de acordo com as regras delineadas nos arts. 611 e seguintes da CLT.

2.15.3. Jurisprudência

> [... Não é possível cogitar de acordo tácito para implementação do regime de escala 12x24 e 12x48. Para tanto, é necessário acordo expresso e escrito, individual ou coletivo, consoante determinação constante do art. 7º, XIII, da Constituição Federal c/c art. 59 da CLT e item I da Súmula n. 85 do C. TST...]
>
> (Transcrição de parte do acórdão do Processo: RR-324700-53.2007.5.09.0322. Data de julgamento: 15.9.2010. Relator: Ministro Aloysio Corrêa da Veiga. 6ª Turma. Data de divulgação: DEJT 24.9.2010)[58].
>
> **I — RECURSO DE REVISTA DA UNIÃO. AVISO PRÉVIO INDENIZADO. CONTRIBUIÇÃO PREVIDENCIÁRIA. NÃO INCIDÊNCIA.** A Lei n. 9.528/97, que alterou a Lei n. 8.212/91, excluindo o aviso prévio indenizado do rol das parcelas que não integram o salário de contribuição (art. 28, § 9º), também alterou tal conceito, conforme o texto do art. 28, I, do referido diploma legal. Decorre daí que o aviso prévio indenizado não faz parte do salário de contribuição, pois não se destina a retribuir qualquer trabalho. A conclusão vem corroborada pela Instrução Normativa MPS/SRP n. 3, de 14.7.2005 (DOU de 15.7.2005), a qual, em seu art. 72, VI, f, expressamente dispõe que as importâncias recebidas a título de aviso prévio indenizado não integram a base de cálculo para incidência de contribuição previdenciária. Assim, se remanesciam dúvidas, quanto à

---

(57) HINZ, Henrique Macedo. *Direito coletivo do trabalho.* São Paulo: Saraiva. 2005. p. 89.
(58) Disponível em: <http://aplicacao2.tst.jus.br/consultaunificada2/>. Acesso em: 20 out. 2010.

integração ou não do aviso prévio indenizado no salário de contribuição, em face do contido na nova redação do art. 28, § 9º, da Lei n. 8.212/91, em contraposição ao disposto no Decreto n. 3.048/99, em seu art. 214, § 9º, f, foram elas dirimidas pela própria Autarquia recorrente. Recurso de revista conhecido e desprovido. **II — RECURSO DE REVISTA DA RECLAMADA. HORAS EXTRAS. REGIME DE COMPENSAÇÃO 12X36. ACORDO INDIVIDUAL. VALIDADE.** O regime constitucional inaugurado em 1988 conferiu aos sindicatos a máxima representação de seus segmentos profissionais ou patronais. Como corolário do reconhecimento da representatividade sindical e de seus instrumentos de atuação, a Carta Magna admite a derrogação da máxima jornada permitida por meio de negociação coletiva (art. 7º, XIII e XXVI; art. 8º, III). Por essa razão, apenas a adoção do regime de trabalho de 12 x 36 lastreado em instrumento de direito coletivo do trabalho atende aos interesses das categorias envolvidas, moldando-se ao ordenamento vigente. Recurso de revista conhecido e desprovido. Processo: RR-134000--57.2008.5.06.0003. Data de julgamento: 6.10.2010. Relator: Ministro Alberto Luiz Bresciani de Fontan Pereira. 3ª Turma. Data de divulgação: DEJT 15.10.2010.[59]

AGRAVO DE INSTRUMENTO. PROVIMENTO. Evidenciada a contrariedade à Súmula n. 85 desta Corte superior, dá-se provimento ao agravo de instrumento a fim de determinar o processamento do recurso de revista. **HORAS EXTRAS. JORNADA 12 POR 36 HORAS. AUSÊNCIA DE PREVISÃO EM NORMA COLETIVA. INVALIDADE.** 1. Nos termos da iterativa jurisprudência desta Corte superior, somente se admite a jornada em escala 12 por 36 horas quando há expressa previsão em norma coletiva. 2. Reconhecida a invalidade da jornada em escala de 12 por 36 horas, é devido apenas o adicional de labor extraordinário em relação à nona e à décima hora trabalhadas, devendo ser quitadas como extras a décima primeira e a décima segunda, considerando o limite estabelecido no art. 59, § 2º, da Consolidação das Leis do Trabalho, que fixa a jornada máxima de trabalho de dez horas. Quanto às horas que excederam a 44ª semanal, são devidas como extras e acrescidas do respectivo adicional. 3. Recurso de revista conhecido e parcialmente provido. **INTERVALO INTRAJORNADA. SONEGAÇÃO PARCIAL OU TOTAL. HORAS EXTRAS. ORIENTAÇÃO JURISPRUDENCIAL N. 307 DA SBDI-I DO TRIBUNAL SUPERIOR DO TRABALHO.** *Após a edição da Lei n. 8.923/94, a não concessão total ou parcial do intervalo intrajornada mínimo, para repouso e alimentação, implica o pagamento total do período correspondente, com acréscimo de, no mínimo, 50% sobre o valor da remuneração da hora normal de trabalho (art. 71 da CLT).* A finalidade da norma, destinada a assegurar a efetividade de disposição legal relativa à segurança do empregado e à higiene do ambiente de trabalho, respalda o entendimento predominante nesta Corte uniformizadora, não havendo falar no pagamento apenas do adicional de horas extras. Recurso de revista de que não se conhece. Processo: RR-162940-62.2004.5.15.0022. Data de Julgamento: 29.9.2010. Relator: Ministro Lelio Bentes Corrêa. 1ª Turma. Data de divulgação: DEJT 15.10.2010.[60]

RECURSO DE REVISTA — REGIME DE TRABALHO EM JORNADA DE 12X36 — INTERVALO INTRAJORNADA. A adoção do sistema de trabalho em jornada de 12x36 não afasta a aplicação da regra contida no art. 71 da CLT. Após a edição da Lei n. 8.923/94, a não concessão total ou parcial do intervalo intrajornada mínimo, para repouso e alimentação, implica o pagamento total do período correspondente, com acréscimo de, no mínimo, 50% sobre o valor da remuneração da hora normal de trabalho, assim como seus reflexos (Orientação Jurisprudencial n. 307 da Subseção I da Seção Especializada em Dissídios Individuais do Tribunal Superior do Trabalho). Ademais, é inválida cláusula de acordo ou convenção coletiva de trabalho contemplando a supressão ou redução do intervalo intrajornada porque este constitui medida de higiene, saúde e segurança do trabalho, garantido por norma de ordem pública (art. 71 da CLT e art. 7º, inciso XXII, da Constituição da República), infenso à negociação coletiva (Orientação Jurisprudencial n. 342

---

(59) Disponível em: <http://aplicacao2.tst.jus.br/consultaunificada2/>. Acesso em: 19 out. 2010.
(60) Disponível em: <http://aplicacao2.tst.jus.br/consultaunificada2/>. Acesso em: 19 out. 2010.

da Subseção I da Seção Especializada em Dissídios Individuais do Tribunal Superior do Trabalho). Recurso de revista conhecido e provido. **REGIME DE TRABALHO EM JORNADA DE 12X36 — REDUÇÃO DA HORA NOTURNA.** O desgaste do labor no horário noturno subsiste, ainda quando se trata de trabalho em regime de turnos ininterruptos de revezamento, não se havendo de cogitar em incompatibilidade com o art. 73, § 1º, da CLT. O preceito legal traz comando de ordem pública, de índole imperativa, sendo que o art. 7º, inciso XIV, da Constituição da República não afasta a norma geral relativa ao trabalho noturno. Recurso de revista conhecido e provido. Processo: RR-81800-05.2006.5.18.0005. Data de julgamento: 25.8.2010. Relator: Ministro Luiz Philippe Vieira de Mello Filho. 1ª Turma. Data de divulgação: DEJT 3.9.2010.

RECURSO DE REVISTA. PROCEDIMENTO SUMARÍSSIMO. ARGUIÇÃO DE INCONSTITUCIONALIDADE DAS ORIENTAÇÕES JURISPRUDENCIAIS N. 307 E 342 DA SBDI-1 DESTA CORTE. As súmulas e as orientações jurisprudenciais desta Corte encontram seu fundamento de validade na própria Constituição Federal, isto porque a edição de Súmula ou de Orientação Jurisprudencial sucede uma ampla análise da legislação pertinente, mormente dos dispositivos constitucionais que norteiam o direito trabalhista. Nesse contexto, não há que se falar em violação dos dispositivos constitucionais citados — art. 7º, XII e XIII, da Constituição Federal —, nem em inconstitucionalidade das orientações jurisprudenciais, mormente porque esta não é a via própria para se discutir a constitucionalidade. **INTERVALO INTRAJORNADA. REDUÇÃO. JORNADA DE 12X36.** Esta corte já sedimentou o entendimento de que o intervalo intrajornada é devido aos empregados sujeitos ao regime de 12 horas de trabalho por 36 horas de descanso. Acórdão regional em consonância com a jurisprudência pacífica desta Corte, consubstanciada na Orientação Jurisprudencial n. 307 da SBDI-1. Logo, fica superado o debate relativo à violação de dispositivos constitucionais. Incidência do § 4º do art. 896 da CLT c/c a Súmula n. 333 desta Corte. Recurso de revista de que não se conhece. Processo: RR-47900-67.2007.5.08.0007. Data de julgamento: 1º.9.2010. Relator: Ministro Pedro Paulo Manus. 7ª Turma. Data de divulgação: DEJT 10.9.2010.

2.16. Redução da jornada com diminuição do salário

Poderá ocorrer a redução da jornada, desde que exista ajuste mediante acordo ou convenção coletiva de trabalho para que a jornada obreira seja reduzida e o pagamento do salário seja proporcionalmente às horas trabalhadas, uma vez que a Constituição Federal de 1988, através do art. 7º, inciso VI, permite que, através de norma coletiva, possa ocorrer a redução da jornada.

Observe-se, porém, que referida alteração somente será válida desde que não resultem prejuízos para o empregado, sob pena de nulidade do ato, nos termos do art. 468, da CLT.

2.16.1. Jurisprudência

RECURSO DE REVISTA. ALTERAÇÃO CONTRATUAL. RESTABELECIMENTO DA JORNADA DE SEIS HORAS. REDUÇÃO PROPORCIONAL DA GRATIFICAÇÃO DE FUNÇÃO. IRREDUTIBILIDADE SALARIAL. O v. acórdão regional encontra amparo legal no art. 468 da CLT, o qual dispõe que *Nos contratos individuais de trabalho, só é lícita a alteração das respectivas condições, por mútuo consentimento, e, ainda assim, desde que não resultem, direta ou indiretamente, prejuízos ao empregado, sob pena de nulidade da cláusula infringente desta garantia.*

— No presente caso, restou claro que o reclamante não optou por retornar à jornada diária de seis horas, tendo a reclamada, unilateralmente, por meio de norma interna, alterado a sua jornada, bem como a sua remuneração. Desta forma, inafastável a aplicação, também, do disposto no art. 7º, VI, da CRFB/88, que garante ao trabalhador a irredutibilidade do salário, salvo o disposto em convenção ou acordo coletivo. Recurso de revista conhecido e desprovido. Processo: RR-1394-06.2010.5.06.0000. Data de julgamento: 6.10.2010. Relator: Ministro Aloysio Corrêa da Veiga. 6ª Turma. Data de divulgação: DEJT 15.10.2010.

RECURSO DE EMBARGOS INTERPOSTO ANTERIORMENTE À VIGÊNCIA DA LEI N. 11.496/07. SALÁRIO MÍNIMO PROPORCIONAL. JORNADA DE TRABALHO REDUZIDA. POSSIBILIDADE.
É entendimento assente nesta col. Corte que, aos trabalhadores que têm jornada de trabalho reduzida, não há obrigação de pagamento de um salário mínimo integral, devendo a sua remuneração ser proporcional à jornada efetivamente cumprida. Não se divisa com tal orientação qualquer ofensa ao inciso IV do art. 7º constitucional. Embargos não conhecidos. Processo: ED-RR-810596-78.2001.5.07.5555. Data de Julgamento: 14.5.2009. Relatora: Ministra Maria de Assis Calsing. Subseção I Especializada em Dissídios Individuais. Data de divulgação: DEJT 22.5.2009.

2.16.2. Modelo para redução de jornada e alteração salarial

ACORDO DE MUDANÇA DE FUNÇÃO E JORNADA DE TRABALHO

Entre as partes Empresa: _____ e o (a) Senhor (a) _____, portador (a) do RG: _____, funcionário (a) desta empresa na função de _____, neste momento firmam o presente acordo de redução de jornada, conforme previsão na norma coletiva _____, e cláusulas abaixo. Homologado pelo Sindicato dos Empregados _____, com sede na rua _____. Neste ato representado por seu Presidente Senhor _____.

Da finalidade: mudança de função e mudança de jornada tendo em vista _____.

Duração: o acordo terá validade por 12 meses.

Da redução de jornada: à jornada de labor hora se soma 44 horas semanais.

A jornada praticada das __h às __h, de segunda a sexta-feira, e de sábado, das __h às __h, será reduzida para ___h semanais, sendo das ___h às __h, de segunda a sexta-feira, e de sábado, das __h às __h.

Para tal redução, o salário-base recebido será reduzido do valor praticado de R$_____ (_____) para R$_____ (_____).

Da mudança de função atual: a atual função _____ passa a ser _____ a partir do dia __/__/____.

Localidade: _____, __ de _____ de ____.

Nome Empresa

Assinada e identificado legível o nome e o cargo de quem está assinando

Nome da funcionária assinada

Sindicato

3. Quadro de Horário, Registro de Ponto e Sistema de Registro Eletrônico de Ponto (SREP)

3.1. Quadro de horário

Conforme determina o art. 74 da CLT, o horário do trabalho constará de quadro, organizado conforme modelo expedido pelo ministro do Trabalho e afixado em lugar bem visível. Esse quadro será listado de forma detalhada, distinguindo os horários a serem praticados, no caso de não ser o horário único para todos os empregados de uma mesma seção ou turma.

As Microempresas e Empresas de Pequeno Porte estão dispensadas do Quadro de Horário.

> CLT. Art. 74. O horário do trabalho constará de quadro, organizado conforme modelo expedido pelo Ministro do Trabalho, Indústria e Comércio, e afixado em lugar bem visível. Esse quadro será discriminativo no caso de não ser o horário único para todos os empregados de uma mesma seção ou turma.

3.2. Anotação do horário de trabalho no registro de empregados

O horário de trabalho será anotado em registro de empregados com a indicação de acordos ou contratos coletivos porventura celebrados (§ 1º, do art. 74, da CLT).

3.3. Estabelecimentos com mais de 10 empregados — registros manuais, mecânicos ou eletrônicos — obrigatoriedade

Para os estabelecimentos com mais de dez trabalhadores, é obrigatória a anotação da hora de entrada e de saída, em registro manual, mecânico ou eletrônico, conforme instruções a serem expedidas pelo Ministério do Trabalho, devendo haver pré-assinalação do período de repouso.

CLT. Art. 74 [...]

§ 2º Para os estabelecimentos de mais de dez trabalhadores será obrigatória a anotação da hora de entrada e de saída, em registro manual, mecânico ou eletrônico, conforme instruções a serem expedidas pelo Ministério do Trabalho, devendo haver pré-assinalação do período de repouso. (Redação dada pela Lei n. 7.855, de 24.10.1989).

3.3.1. Jurisprudência

MARCAÇÃO DE PONTO — TOLERÂNCIA. Apresenta-se-nos razoável considerar um limite de tolerância de 10 minutos na marcação de ponto, ao início e ao fim da jornada diária, não configurando este tempo como jornada extra, em se tratando de empresas de médio ou grande porte. (TRT 3ª Região. RO 05241/91 (Ac. 1ª Turma) — Rel. Juiz Saulo José Guimarães de Castro. DJMG 10.7.1992 — p. 62)

1 — DESCONTOS DE IMPOSTO DE RENDA E PREVIDÊNCIA. A retenção, na fonte, dos descontos previdenciários e fiscais encontra amparo legal no art. 46 da Lei n. 8.541/92, bem como nos Provimentos n. 1/96 e 2/93 da Corregedoria Geral da Justiça do Trabalho. **2 — HORAS EXTRAS — MINUTOS QUE ANTECEDEM E SUCEDEM A JORNADA DE TRABALHO.** A jurisprudência desta colenda Corte tem fixado em cinco minutos, como razoável, o tempo despendido pelo laborista para a marcação do cartão de ponto, antes e após jornada normal, em razão da impossibilidade de todos os empregados marcarem ponto simultaneamente. Caso ultrapassado o referido limite, como extra será considerada a totalidade do tempo que exceder a jornada normal. Revista conhecida e provida, em parte. Processo: RR-319151-63.1996.5.09.5555. Data de julgamento: 9.6.1999. Relator: Ministro Juraci Candeia de Souza. 5ª Turma. Data de publicação: DJ 25.6.1999.

RECURSO DE REVISTA. MINUTOS GASTOS COM TROCA DE UNIFORME. MINUTOS RESIDUAIS. NORMA COLETIVA. FLEXIBILIZAÇÃO DO LIMITE IMPOSTO PELO ART. 58, § 1º, DA CLT. IMPOSSIBILIDADE. APLICAÇÃO DO ENTENDIMENTO DA SÚMULA N. 366 DO TST E DA OJ N. 372 DA SBDI-1. RECURSO NÃO CONHECIDO. A jurisprudência uniforme do TST, no que se refere ao pagamento de horas extras relativamente aos minutos que antecedem e sucedem à jornada de trabalho, está firmada nos termos da Súmula n. 366 do TST, segundo a qual *Não serão descontadas nem computadas como jornada extraordinária as variações de horário do registro de ponto não excedentes de cinco minutos, observado o limite máximo de dez minutos diários. Se ultrapassado esse limite, será considerada como extra a totalidade do tempo que exceder a jornada normal.* Sendo produto da conversão das OJs n. 23 e 326 da SBDI-I, a Súmula n. 366 do TST passou a tratar dos minutos que antecedem e sucedem à jornada de maneira uniforme, quer sejam utilizados para marcação de ponto, quer para as demais providências preparatórias para o trabalho. Mas os minutos que antecedem e sucedem à jornada também vieram a ser objeto de discussão quanto à possibilidade de se flexibilizar, mediante norma coletiva, o limite máximo de dez minutos diários estipulados pelo § 1º do art. 58 da CLT, tendo a SBDI-1 firmado entendimento de que não é possível a flexibilização da regra, conforme entendimento firmado pela OJ n. 372. Fica claro, portanto, que a decisão recorrida mostra-se consentânea com a Jurisprudência pacífica e notória do TST, pois o entendimento que emerge dos precedentes anteriormente citados revela que o limite de tolerância estabelecido pela lei, a título de minutos residuais, não pode ser objeto de negociação coletiva, sejam eles gastos para troca de uniforme, ou para marcação de ponto, prevalecendo como óbice à revisão pretendida o disposto na Súmula n. 333 do TST e no § 4º do art. 896 da CLT. Recurso de Revista não conhecido. Processo: RR-71200-27.2007.5.09.0655. Data de julgamento: 8.9.2010. Relatora: Ministra Maria de Assis Calsing. 4ª Turma. Data de divulgação: DEJT 16.9.2010.

3.4. Trabalho executado fora do estabelecimento

Se o trabalho for executado integralmente fora do estabelecimento do empregador, o horário de trabalho constará também de ficha, papeleta ou registro de ponto, que ficará em poder do empregado (parágrafo único do art. 13, da Portaria n. 3.626, de 13.11.1991, do MTPS).

3.5. Registro de horário de trabalho, dispensa do uso de quadro de horário

A empresa que adotar registros manuais, mecânicos ou eletrônicos individualizados de controle de horário de trabalho, contendo a hora de entrada e de saída, bem como a pré-assinalação do período de repouso ou alimentação, fica dispensada do uso de quadro de horário. Referida orientação decorre do determinado no *caput* do art. 13, da Portaria n. 3.626, de 13.11.1991, do MTPS.

3.5.1. Jurisprudência

Súmula n. 366 do TST — Cartão de ponto. Registro. Horas extras. Minutos que antecedem e sucedem a jornada de trabalho. (Conversão das Orientações Jurisprudenciais n. 23 e 326 da SDI-1 — Resolução n. 129/05, DJ 20.4.2005)

Não serão descontadas nem computadas como jornada extraordinária as variações de horário do registro de ponto não excedentes de cinco minutos, observado o limite máximo de dez minutos diários. Se ultrapassado esse limite, será considerada como extra a totalidade do tempo que exceder a jornada normal. (ex-OJs n. 23 — Inserida em 03.06.1996 e n. 326 — DJ 9.12.2003)

Súmula n. 338 do TST — Jornada de trabalho. Registro. Ônus da prova. (Resolução n. 36/94, DJ 18.11.1994. Redação alterada — Resolução n. 121/03, DJ 19.11.2003. Nova redação em decorrência da incorporação das Orientações Jurisprudenciais n. 234 e 306 da SDI-1 — Resolução n. 129/05, DJ. 20.4.2005)

I — É ônus do empregador que conta com mais de 10 (dez) empregados o registro da jornada de trabalho na forma do art. 74, § 2º, da CLT. A não apresentação injustificada dos controles de frequência gera presunção relativa de veracidade da jornada de trabalho, a qual pode ser elidida por prova em contrário. (ex-Súmula n. 338 — Resolução n. 121/03, DJ 19.11.2003)

II — A presunção de veracidade da jornada de trabalho, ainda que prevista em instrumento normativo, pode ser elidida por prova em contrário. (ex-OJ n. 234 — Inserida em 20.6.2001)

III — Os cartões de ponto que demonstram horários de entrada e saída uniformes são inválidos como meio de prova, invertendo-se o ônus da prova, relativo às horas extras, que passa a ser do empregador, prevalecendo a jornada da inicial se dele não se desincumbir. (ex- OJ n. 306 — DJ 11.8.2003)

AGRAVO DE INSTRUMENTO. INTERVALO INTRAJORNADA. NÃO PROVIMENTO. 1. Em observância ao princípio da primazia da realidade, devem prevalecer os registros de intervalo constantes dos cartões de ponto apresentados sobre o horário pré-anotado. 2. Assim, não viola o art. 74, § 2º, da CLT, a decisão do egrégio Tribunal Regional a qual concluiu que a autora não concedia aos empregados o intervalo intrajornada, com base nos registros efetuados nos cartões de ponto. 3. Agravo de instrumento a que se nega provimento. Processo: AIRR — 7801040-67.2005.5.09.0015. Data de julgamento: 20.4.2010. Relator: Ministro Guilherme Augusto Caputo Bastos. 7ª Turma. Data de divulgação: DEJT 30.4.2010.

AGRAVO DE INSTRUMENTO. RECURSO DE REVISTA. HORAS EXTRAS. INVALIDADE DAS FOLHAS INDIVIDUAIS DE PRESENÇA E DOS REGISTROS DE PONTO ELETRÔNICO. VALORAÇÃO DA PROVA. SÚMULA N. 338, II/TST. Esta Corte possui entendimento no sentido de que o simples fato de as folhas de presença constituírem documentos e de sua exigência ter previsão no art. 74, § 2º, da CLT não confere, por si só, credibilidade quanto aos horários nelas registrados, se o exame da prova oral demonstra que tais registros não atendiam à realidade da jornada praticada. Incidência da Súmula n. 338, II/TST. Agravo de instrumento desprovido. Processo: AIRR-2540-92.2005.5.05.0612. Data de julgamento: 11.6.2008. Relator: Ministro Mauricio Godinho Delgado. 6ª Turma. Data de publicação: DJ 13.6.2008.

RECURSO DE REVISTA. 1. HORAS EXTRAS. CRITÉRIO DE CONTAGEM. De acordo com o entendimento consubstanciado na Súmula n. 366 do TST, não serão descontadas nem computadas como jornada extraordinária as variações de horário do registro de ponto não excedente de cinco minutos, observado o limite máximo de dez minutos diários. Se ultrapassado esse limite, será considerada como extra a totalidade do tempo que exceder a jornada normal. Dessarte, as normas coletivas que fogem à regra estabelecida pela CLT não podem prevalecer, tendo em vista o princípio da hierarquia formal das leis. **2. INTERVALO INTRAJORNADA. REDUÇÃO. DEFERIMENTO DO PERÍODO TOTAL CORRESPONDENTE AO INTERVALO INTRAJORNADA. ORIENTAÇÃO JURISPRUDENCIAL N. 307 DA SBDI-1 DO TST. PROVIMENTO.** A questão referente ao período que deve ser considerado pela concessão parcial do intervalo intrajornada encontra-se pacificada no âmbito dessa Corte, por meio da Orientação Jurisprudencial n. 307 da SBDI, estabelecendo que, em havendo a redução ou supressão do intervalo intrajornada, é devido o período total correspondente ao intervalo com adicional de 50%. Ora, tendo a Corte de origem concluído ser devido apenas o tempo faltante, resulta contrariado o entendimento perfilhado pela orientação jurisprudencial antes referida. Recurso conhecido e provido, integralmente. Processo: RR-72700-13.2006.5.04.0006. Data de julgamento: 1º.9.2010. Relatora: Ministra Maria de Assis Calsing. 4ª Turma. Data de divulgação: DEJT 10.9.2010.

AGRAVO DE INSTRUMENTO EM RECURSO DE REVISTA — HORAS EXTRAORDINÁRIAS — PRESUNÇÃO DE VERACIDADE DA JORNADA DECLINADA NA INICIAL — SÚMULA N. 338, I, DO TST. Das premissas fixadas pelo Tribunal Regional, nota-se que fora aplicada a presunção de veracidade da jornada inicial e que esta não foi elidida por prova em contrário, uma vez que a empresa não juntou controles de jornada nos autos. Na forma como posta, a decisão está em consonância com o disposto no item I da Súmula n. 338 do TST. Agravo de instrumento desprovido. Processo: AIRR-197640-19.2007.5.01.0226. Data de julgamento: 8.9.2010. Relator: Ministro Luiz Philippe Vieira de Mello Filho. 1ª Turma. Data de divulgação: DEJT 17.9.2010.

3.6. Modelo de quadro de horário

Permanece como modelo único de quadro de horário de trabalho o aprovado pela Portaria n. 3.088, de 28 de abril de 1980.

HORÁRIO DE TRABALHO

Empregador: _____ Denominação do estabelecimento: _____

Rua: _____ N. _____ Atividade: _____

N. de Ordem	Nome do empregado	Função	Cart. Profissional		Entrada	Intervalo	Saída	Descanso Semanal	Visto do Fiscal
			Número	Série					

Observações: _____

_____, _____ de _____ de _____.

_____
Assinatura do empregador ou seu representante legal

Quadro de horário de trabalho

3.7. Sistema de Registro Eletrônico de Ponto (SREP)

O Registro Eletrônico de Ponto e a utilização do Sistema de Registro Eletrônico de Ponto (SREP) estão disciplinados na Portaria MTE n. 1.510/09 e alterações posteriores, assim como se trata, conforme a própria denominação indica, de um sistema de registro de ponto (SREP). A partir deste item, passamos a efetuar uma análise direcionada a elementos técnicos citados na norma de maneira a poder auxiliar o leitor na utilização do referido sistema.

Esclarece-se que o Sistema de Registro Eletrônico de Ponto (SREP) é o conjunto de equipamentos e programas informatizados destinado à anotação por meio eletrônico da entrada e saída dos trabalhadores das empresas, previsto no art. 74 da Consolidação das Leis do Trabalho — CLT, e aprovado pelo Decreto-Lei n. 5.452, de 1º de maio de 1943.

3.7.1. Registro fiel das marcações

A Portaria MTE n. 1.510/09, através do "caput" do art. 2º, ratifica e alerta para o correto procedimento que deve ser adotado quando da marcação da jornada de trabalho nos registros de ponto.

Assim, como os demais meios de registro de ponto (manual ou mecânico), o SREP deve registrar fielmente as marcações efetuadas, não sendo permitida qualquer ação que desvirtue os fins legais a que se destina, tais como: I — restrições de horário à marcação do ponto; II — marcação automática do ponto, utilizando-se horários predeterminados ou o horário contratual; III — exigência, por parte do sistema, de autorização prévia para marcação de sobrejornada; e IV — existência de qualquer dispositivo que permita a alteração dos dados registrados pelo empregado.

Por óbvio, a pretensão é evitar a fraude, mediante a manipulação dos horários registrados pelo meio eletrônico.

3.7.2. Registrador Eletrônico de Ponto (REP)

Registrador eletrônico de ponto (REP) é o equipamento de automação utilizado exclusivamente para o registro de jornada de trabalho e com capacidade para emitir documentos fiscais e realizar controles de natureza fiscal, referentes à entrada e à saída de empregados nos locais de trabalho, sendo que o registrador deverá emitir um comprovante a cada batida (marcação de ponto).

Para a utilização de Sistema de Registro Eletrônico de Ponto (SREP), alguns critérios devem ser obedecidos:

a) é obrigatório o uso do Registrador Eletrônico de Ponto (REP) no local da prestação do serviço, vedados outros meios de registro;

b) o empregador somente poderá utilizar equipamento que preencha os requisitos tecnológicos estabelecidos da Portaria MTE n. 1.510/09 e atestados pelos órgãos credenciados pelo MTE.

3.7.3. Requisitos do Registrador Eletrônico de Ponto (REP)

Através dos arts. 4º e 10, da Portaria MTE n. 1.510/09, foram estabelecidos os principais requisitos técnicos que devem apresentar o Registrador Eletrônico de Ponto (REP).

O aparelho deve ter como características: a) a finalidade única e exclusiva de marcação de ponto, com a emissão de comprovante a cada marcação de ponto pelo empregado, que permita impressões com durabilidade mínima de cinco anos; b) possuir memória das marcações de ponto (meio de armazenamento permanente) que não possa ser alterada ou apagada; c) para acesso da fiscalização, Auditor Fiscal do Trabalho, o aparelho deverá estar dotado de porta padrão USB externa para a captura de dados; d) não possuir mecanismo que permita marcações automáticas ou restrições às marcações; e) possuir identificação do REP gravada de forma indelével na sua estrutura externa, contendo CNPJ e nome do fabricante, marca, modelo e número de fabricação do Registrador Eletrônico de Ponto REP (parágrafo único, art. 10).

Verifica-se que os requisitos têm por objetivo padronizar a forma de armazenamento de dados, bem como facilitar a fiscalização administrativa-fiscal e dinamizar a marcação de ponto.

3.7.4. Memória de Trabalho (MT) — dados a serem gravados

No art. 5º da Portaria MTE n. 1.510/09 são estabelecidos as informações que devem ser gravadas na memória de trabalho, evitando-se, desta forma, a inserção de dados que não se prestem ao controle fiscal e, principalmente, a duração da jornada.

Portanto, as informações que deverão ser gravadas na memória de trabalho (MT) são as seguintes: a) do empregador: tipo de identificador do empregador, CNPJ ou CPF; identificador do empregador; CEI, caso exista; razão social; e local da prestação do serviço; e b) dos empregados que utilizam o Registrador Eletrônico de Ponto (REP): nome, PIS e demais dados necessários à identificação do empregado pelo equipamento.

3.7.5. Memória de Registro de Ponto (MRP) — operações a serem gravadas de forma permanente

Fazendo parte do sistema de dinamização e padronização dos sistemas de registro de ponto eletrônico, a Portaria MTE n. 1.510/09 traz em seu art. 6º a determinação das seguintes operações que devem ser gravadas de forma permanente na Memória de Registro de Ponto (MRP): a) inclusão ou alteração das informações do empregador na MT, contendo os seguintes dados: data e hora da inclusão ou alteração; tipo de operação; tipo de identificador do empregador, CNPJ ou CPF; identificador do empregador; CEI, caso exista; razão social; e local da prestação do serviço; b) marcação de ponto, com os seguintes dados: número do PIS, data e hora da marcação; c) ajuste do relógio interno, contendo os seguintes dados: data antes do ajuste, hora antes do ajuste, data ajustada, hora ajustada; e d) inserção, alteração e exclusão de dados do empregado na MT, contendo: data e hora da operação, tipo de operação, número do PIS e nome do empregado.

Cada registro gravado na Memória de Registro de Ponto (MRP) deve conter Número Sequencial de Registro — NSR consistindo em numeração sequencial em incrementos unitários, iniciando-se em 1 (um) na primeira operação do Registrador Eletrônico de Ponto (REP), conforme o estabelecido no parágrafo único do referido art. 6º, da Portaria MTE n. 1.510/09.

3.7.6. Funcionalidades do Registrador Eletrônico de Ponto (REP)

Com o objetivo de preservar e armazenar de forma permanente as informações coletadas através do Registrador Eletrônico de Ponto (REP), a Portaria MTE n. 1.510/09, através do disposto no art. 7º, determina quais as informações vitais que devem fazer parte do equipamento relativo à marcação de ponto e geração, marcação e emissão de dados.

Em relação à marcação de ponto, deverá ser composta dos seguintes passos:

a) receber diretamente a identificação do trabalhador, sem interposição de outro equipamento;

b) obter a hora do Relógio de Tempo Real;

c) registrar a marcação de ponto na MRP; e

d) imprimir o comprovante do trabalhador.

Para a geração do Arquivo-fonte de dados (AFD), deve ser obtida a partir dos dados armazenados na Memória do Registrador de Ponto (MRP), bem como a gravação do AFD em dispositivo externo de memória, por meio da Porta Fiscal, para que ocorra a emissão da Relação Instantânea de Marcações (RIM) com as marcações efetuadas nas vinte e quatro horas precedentes, contendo as seguintes informações: a) cabeçalho com identificador e razão social do empregador, local de prestação de serviço, número de fabricação do REP; b) NSR; c) número do PIS e nome do empregado; e d) horário da marcação.

3.7.7. Campos do Registro de Marcação (MRP) e arquivo-fonte

O objetivo da Portaria MTE n. 1.510/09 é o perfeito controle de informações, tanto é que através do disposto nos arts. 8º e 9º, complementa determinando quais são as que devem constar obrigatoriamente no registro de marcação de ponto gravado na memória de registro de ponto, denominado de Arquivo-Fonte de Dados (AFD).

Campos que deverão fazer parte do Registro de Marcação de Ponto (RMP): I — NSR; II — PIS do trabalhador; III — data da marcação; e IV — horário da marcação, composto de hora e minutos (art. 8º).

O Arquivo-Fonte de Dados será gerado pelo Registrador Eletrônico de Ponto (REP) e conterá todos os dados armazenados na MRP, segundo formato descrito no Anexo I "Leiaute de arquivos" da Portaria MTE n. 1.510/09 (art. 9º).

3.7.8. Comprovante de registro de ponto do trabalhador

Trata-se de uma novidade em relação aos demais sistemas de Registro de Ponto (manual e mecânico), a determinação constante do art. 11 da Portaria n. 1.510/09, que é o fornecimento de Comprovante de Registro de Ponto do Trabalhador, através de um documento impresso para o empregado acompanhar, a cada marcação, o controle de sua jornada de trabalho, que deverá conter as seguintes informações: I — cabeçalho contendo o título "Comprovante de Registro de Ponto do Trabalhador"; II — identificação do empregador contendo nome, CNPJ/CPF e CEI, caso exista; III — local da prestação do serviço; IV — número de fabricação do REP; V — identificação do trabalhador contendo nome e número do PIS; VI — data e horário do respectivo registro; e VII — NSR.

3.7.8.1. Impressão

De acordo com o disposto no parágrafo 1º, do art. 11, a impressão deverá ser feita em cor contrastante com o papel, em caracteres legíveis com a densidade horizontal máxima de oito caracteres por centímetro e o caractere não poderá ter altura inferior a três milímetros. O empregador deverá disponibilizar meios para a emissão obrigatória do Comprovante de Registro de Ponto do Trabalhador no momento de qualquer marcação de ponto.

Nesta ocasião, deverão ser adotados novos procedimentos pelas empresas com grande quantidade de funcionários, pois se na simples marcação de ponto já eram despendidos alguns minutos, agora com a impressão de um comprovante estes minutos poderão ser aumentados, provocando a possível alteração na duração da jornada de trabalho, para mais ou para menos.

3.7.9. Parte técnica do Programa de Tratamento de Registro de Ponto

Através do art. 12, da Portaria n. 1.510/09, é definido o "Programa de Tratamento de Registro de Ponto", que corresponde ao conjunto de rotinas informatizadas que tem por função tratar os dados relativos à marcação dos horários de entrada e saída, originários exclusivamente do Arquivo-Fonte de Dados (AFD), gerando o relatório "Espelho de Ponto Eletrônico", de acordo com o Anexo II — (Modelo do relatório espelho de ponto) da Portaria n. 1.510/09, o Arquivo--Fonte de Dados Tratados (AFDT) e Arquivo de Controle de Jornada para Efeitos Fiscais (ACJEF), de acordo com o anexo I — (modelo "Leiaute" dos arquivos) da Portaria. A função de tratamento dos dados se limitará a acrescentar informações para complementar eventuais omissões no registro de ponto ou indicar marcações indevidas.

3.7.10. Procedimentos a serem adotados quanto a cadastro, registro e alteração do Registro Eletrônico de Ponto

O fabricante do REP deverá se cadastrar junto ao Ministério do Trabalho e Emprego, e solicitar o registro de cada um dos modelos de REP que produzir.

Para o registro do modelo do REP no MTE, o fabricante deverá apresentar "Certificado de Conformidade do REP à Legislação" emitido por órgão técnico credenciado e "Atestado Técnico e Termo de Responsabilidade" conforme o previsto no Art. 18 da Portaria n. 1.510/09.

Qualquer alteração no REP certificado, inclusive nos programas residentes, ensejará novo processo de certificação e registro.

3.7.11. Documentação técnica

Toda a documentação técnica do circuito eletrônico, bem como os arquivos--fontes dos programas residentes no equipamento, deverão estar à disposição do Ministério do Trabalho e Emprego, Ministério Público do Trabalho e Justiça do Trabalho, quando solicitado, conforme o disposto no art. 16 da Portaria n. 1.510/09.

3.7.12. Atestado técnico e termo de responsabilidade

Com o intuito de controlar a qualidade dos equipamentos e programas a serem utilizados, existe determinação através dos arts. 17 e 18 da Portaria n. 1.510/09, para que o fabricante do equipamento "Registrador Eletrônico de Ponto" (REP), como o fabricante do programa de tratamento de registro de ponto, forneçam Atestados Técnicos e Termos de Responsabilidade, afirmando de forma "expressa" que tanto o equipamento como o programa atendem às determinações legais.

No "Atestado Técnico e Termo de Responsabilidade" deverá constar que os declarantes estão cientes das consequências legais, cíveis e criminais, quanto à falsa declaração, falso atestado e falsidade ideológica.

O empregador deverá apresentar o documento de que trata este artigo à Inspeção do Trabalho, quando solicitado.

3.7.12.1. Utilização do Sistema (SREP) pelo empregador somente no caso de possuir os atestados

Conforme determinação contida no disposto no art. 19, da Portaria n. 1.510/09, o empregador somente poderá utilizar o Sistema de Registro Eletrônico de Ponto se possuir os atestados emitidos pelos fabricantes dos equipamentos e programas utilizados, nos termos dos arts. 17, 18 e 26 da referida Portaria.

3.7.12.2. Empregador usuário do Sistema (SREP) — cadastramento no Ministério do Trabalho e Emprego

O empregador usuário do Sistema de Registro Eletrônico de Ponto deverá se cadastrar no MTE via internet informando seus dados, equipamentos e *softwares* utilizados. Verifique-se que o MTE tornou disponível, em 26 de novembro de 2009, página da internet para que os empregadores usuários do SREP façam seu cadastro, conforme o art. 20 da Portaria MTE n. 1.510/09 (<http://www2.mte.gov.br/sistemas/carep>).

3.7.13. Disponibilização do Registro Eletrônico de Ponto e programa de dados à fiscalização do trabalho

Registro Eletrônico de Ponto (REP) — Deve sempre estar disponível no local da prestação do trabalho para pronta extração e impressão de dados pelo Auditor Fiscal do Trabalho (art. 21, Portaria n. 1.510/09).

Programa de Tratamento de Dados do Registro de Ponto — O empregador deverá prontamente disponibilizar os arquivos gerados e relatórios emitidos pelo "Programa de Tratamento de Dados do Registro de Ponto" aos Auditores Fiscais do Trabalho (art. 22, Portaria n. 1.510/09).

3.7.14. Órgãos técnicos, credenciamento, habilitação, suspensão, cancelamento e cassação

Órgãos Técnicos — O MTE credenciará órgãos técnicos para a realização da análise de conformidade técnica dos equipamentos do Registrador Eletrônico de Ponto (REP) à legislação (art. 23, Portaria n. 1.510/09).

Condições para Habilitação — Para se habilitar ao credenciamento, o órgão técnico pretendente deverá realizar pesquisa ou desenvolvimento e atuar nas áreas de Engenharia Eletrônica ou de Tecnologia da Informação e atender a uma das seguintes condições: I — ser entidade da administração pública direta ou indireta; e II — ser entidade de ensino, pública ou privada, sem fins lucrativos (art. 23, § 1º, Portaria n. 1.510/09).

Documentação — O órgão técnico interessado para requerer seu credenciamento ao MTE deverá atender ao determinado nos requisitos constantes do art. 24, da Portaria n. 1.510/09, ou seja, mediante apresentação de: I — documentação comprobatória dos requisitos estabelecidos no inciso III, do § 2º, do art. 23; II — descrição detalhada dos procedimentos que serão empregados na análise de conformidade de REP, observando os requisitos estabelecidos pelo MTE; III — cópia reprográfica de termo de confidencialidade celebrado entre o órgão técnico pretendente ao credenciamento e os técnicos envolvidos com a análise; e IV — indicação do responsável técnico e do responsável pelo órgão técnico.

Cancelamento, Suspensão e Cassação do Órgão Técnico — O disposto no art. 25, da Portaria n. 1.510/09, estabelece que o credenciamento do órgão técnico poderá ser: I — cancelado a pedido do órgão técnico; II — suspenso pelo MTE por prazo não superior a noventa dias; e III — cassado pelo MTE.

3.7.15. "Certificado de Conformidade do Registrador Eletrônico de Ponto à Legislação" — informações mínimas

Em complementação aos sistemas de controle, a Portaria do MTE, através do art. 26, estabelece a forma e critérios para ser emitido o "Certificado de Conformidade do REP à Legislação" pelo órgão técnico credenciado.

Referido Certificado de Conformidade do REP deverá conter no mínimo as seguintes informações: I — declaração de conformidade do REP à legislação aplicada; II — identificação do fabricante do REP; III — identificação da marca e modelo do REP; IV — especificação dos dispositivos de armazenamento de dados utilizados; V — descrição dos sistemas que garantam a inviolabilidade do equipamento e integridade dos dados armazenados; VI — data do protocolo do pedido no órgão técnico; VII — número sequencial do "Certificado de Conformidade do REP à Legislação" no órgão técnico certificador; VIII — identificação do órgão técnico e assinatura do responsável técnico e do responsável pelo órgão técnico, conforme inciso IV do subitem 8.22.2; e IX — documentação fotográfica do equipamento certificado.

3.7.16. Descaracterização e adulteração do controle eletrônico de jornada

De forma taxativa, o disposto no art. 28, da Portaria n. 1.510/09, fixou que o descumprimento de qualquer determinação ou especificação constante da referida norma descaracteriza o controle eletrônico de jornada, pois este não se prestará às finalidades que a Lei lhe destina, o que ensejará a lavratura de auto de infração com base no art. 74, § 2º, da CLT, pelo Auditor Fiscal do Trabalho.

Adulteração de Horários Marcados pelo Trabalhador

Comprovada a adulteração de horários marcados pelo trabalhador ou a existência de dispositivos, programas ou sub-rotinas que permitam a adulteração dos reais dados do controle de jornada ou parametrizações e bloqueios na marcação, o Auditor Fiscal do Trabalho deverá apreender documentos e equipamentos, copiar programas e dados que julgar necessários para comprovação do ilícito (art. 29, Portaria n. 1.510/09). O Auditor Fiscal do Trabalho deverá elaborar relatório circunstanciado, contendo cópia dos autos de infração lavrados e da documentação apreendida. A chefia da fiscalização enviará o relatório ao Ministério Público do Trabalho e outros órgãos que julgar pertinentes. O Ministério do Trabalho e Emprego criará os cadastros previstos, com parâmetros definidos pela Secretaria de Inspeção do Trabalho — SIT.

Verifica-se, neste ponto, que, por analogia, provavelmente será o infrator punido com as penalidades do art. 75, da CLT, ou seja, "incorrerá na multa de 1/10 (um décimo) a 10 (dez) salários mínimos regionais, segundo a natureza da infração", haja vista que refere-se ao Capítulo da Duração de Jornada, haja vista que o auto de infração será lavrado com base no art. 74, § 2º, da CLT.

3.7.17. Equipamentos importados

Conforme o art. 30-A, com a alteração introduzida pela Portaria n. 1.001, de 6.5.2010, equipara-se ao fabricante nacional o importador que legalmente introduzir no Brasil o equipamento REP, bem como considera-se importador o responsável pela introdução do equipamento REP no Brasil, pessoa jurídica regularmente constituída sob as leis brasileiras, apta a assumir as responsabilidades decorrentes da comercialização do produto e das determinações e especificações previstas na Portaria MTE n. 1.510/09, sendo que o manual do usuário, o "Termo de Responsabilidade e Atestado Técnico", a documentação técnica e as informações constantes no corpo do equipamento REP importado deverão ser redigidos em língua portuguesa.

3.7.18. Vigência da Portaria

A Portaria MTE n. 1.510/09 entrou em vigor na data de sua publicação, 25.8.2009, exceto quanto à utilização obrigatória do REP, que entrará em vigor após doze meses contados da data de sua publicação. Entretanto, a Portaria n. 1.987, de 18 de agosto de 2010, alterou o prazo para o início da obrigatoriedade para 1º de março de 2011.

Através do disposto no parágrafo único do art. 31, da Portaria n. 1.510/09, fica ressalvado que, enquanto não for adotado o Registrador Eletrônico de Ponto (REP), o Programa de Tratamento de Registro de Ponto poderá receber dados em formato diferente do especificado no Anexo I para o AFD, mantendo-se a integridade dos dados originais.

■ 3.8. Suspensão da aplicação e utilização do Sistema Registrador Eletrônico de Ponto (SREP)

Conforme exposto no subitem anterior, a nova exigência do Controle de Horário — Registro Eletrônico de Ponto (REP) a princípio passaria a valer a partir de 26 de novembro de 2010, o que fez algumas empresas, representadas pelos sindicatos da Categoria, buscarem através da Justiça a suspensão da aplicação e utilização do Sistema Registrador Eletrônico de Ponto, sob o argumento de que não teriam tido tempo hábil para a aquisição do novo equipamento e se adaptarem ao sistema.

Ocorreram casos de decisões como a da 23ª Vara do Trabalho de Porto Alegre, que concedeu decisão impedindo a autuação dos lojistas da capital gaúcha e, no mesmo sentido, a Justiça do Trabalho da Comarca de Carpina, em Pernambuco.

Entretanto, na contramão da Justiça Trabalhista, o Superior Tribunal de Justiça (STJ) negou pelo menos dois pedidos de liminares para suspender a nova exigência. As autuações podem chegar a R$ 4 mil por visita e por estabelecimento.

4. Legislação Vigente

4.1. Constituição de 1988 (art. 7º)

TÍTULO II
DOS DIREITOS E GARANTIAS FUNDAMENTAIS

CAPÍTULO II
DOS DIREITOS SOCIAIS

Art. 7º São direitos dos trabalhadores urbanos e rurais, além de outros que visem à melhoria de sua condição social:

I — relação de emprego protegida contra despedida arbitrária ou sem justa causa, nos termos de lei complementar, que preverá indenização compensatória, dentre outros direitos;

II — seguro-desemprego, em caso de desemprego involuntário;

III — fundo de garantia do tempo de serviço;

IV — salário mínimo, fixado em lei, nacionalmente unificado, capaz de atender às suas necessidades vitais básicas e às de sua família com moradia, alimentação, educação, saúde, lazer, vestuário, higiene, transporte e previdência social, com reajustes periódicos que lhe preservem o poder aquisitivo, sendo vedada sua vinculação para qualquer fim;

V — piso salarial proporcional à extensão e à complexidade do trabalho;

VI — irredutibilidade do salário, salvo o disposto em convenção ou acordo coletivo;

VII — garantia de salário, nunca inferior ao mínimo, para os que percebem remuneração variável;

VIII — décimo terceiro salário com base na remuneração integral ou no valor da aposentadoria;

IX — remuneração do trabalho noturno superior à do diurno;

X — proteção do salário na forma da lei, constituindo crime sua retenção dolosa;

XI — participação nos lucros, ou resultados, desvinculada da remuneração, e, excepcionalmente, participação na gestão da empresa, conforme definido em lei;

XII — salário-família pago em razão do dependente do trabalhador de baixa renda nos termos da lei;

XIII — duração do trabalho normal não superior a oito horas diárias e quarenta e quatro semanais, facultada a compensação de horários e a redução da jornada, mediante acordo ou convenção coletiva de trabalho;

XIV — jornada de seis horas para o trabalho realizado em turnos ininterruptos de revezamento, salvo negociação coletiva;

XV — repouso semanal remunerado, preferencialmente aos domingos;

XVI — remuneração do serviço extraordinário superior, no mínimo, em cinquenta por cento à do normal;

XVII — gozo de férias anuais remuneradas com, pelo menos, um terço a mais do que o salário normal;

XVIII — licença à gestante, sem prejuízo do emprego e do salário, com a duração de cento e vinte dias;

XIX — licença-paternidade, nos termos fixados em lei;

XX — proteção do mercado de trabalho da mulher, mediante incentivos específicos, nos termos da lei;

XXI — aviso prévio proporcional ao tempo de serviço, sendo no mínimo de trinta dias, nos termos da lei;

XXII — redução dos riscos inerentes ao trabalho, por meio de normas de saúde, higiene e segurança;

XXIII — adicional de remuneração para as atividades penosas, insalubres ou perigosas, na forma da lei;

XXIV — aposentadoria;

XXV — assistência gratuita aos filhos e dependentes desde o nascimento até 5 (cinco) anos de idade em creches e pré-escolas;

XXVI — reconhecimento das convenções e acordos coletivos de trabalho;

XXVII — proteção em face da automação, na forma da lei;

XXVIII — seguro contra acidentes de trabalho, a cargo do empregador, sem excluir a indenização a que este está obrigado, quando incorrer em dolo ou culpa;

XXIX — ação, quanto aos créditos resultantes das relações de trabalho, com prazo prescricional de cinco anos para os trabalhadores urbanos e rurais, até o limite de dois anos após a extinção do contrato de trabalho;

a) (Revogada).

b) (Revogada).

XXX — proibição de diferença de salários, de exercício de funções e de critério de admissão por motivo de sexo, idade, cor ou estado civil;

XXXI — proibição de qualquer discriminação no tocante a salário e critérios de admissão do trabalhador portador de deficiência;

XXXII — proibição de distinção entre trabalho manual, técnico e intelectual ou entre os profissionais respectivos;

XXXIII — proibição de trabalho noturno, perigoso ou insalubre a menores de dezoito e de qualquer trabalho a menores de dezesseis anos, salvo na condição de aprendiz, a partir de quatorze anos;

XXXIV — igualdade de direitos entre o trabalhador com vínculo empregatício permanente e o trabalhador avulso.

Parágrafo único. São assegurados à categoria dos trabalhadores domésticos os direitos previstos nos incisos IV, VI, VIII, XV, XVII, XVIII, XIX, XXI e XXIV, bem como a sua integração à previdência social.

4.2. Consolidação das Leis do Trabalho (arts. 57 a 75)

CAPÍTULO II
DA DURAÇÃO DO TRABALHO

Seção I
Disposição Preliminar

Art. 57. Os preceitos deste Capítulo aplicam-se a todas as atividades, salvo as expressamente excluídas, constituindo exceções as disposições especiais, concernentes estritamente a peculiaridades profissionais constantes do Capítulo I do Título III.

Seção II
Da Jornada de Trabalho

Art. 58. A duração normal do trabalho, para os empregados em qualquer atividade privada, não excederá de 8 (oito) horas diárias, desde que não seja fixado expressamente outro limite.

§ 1º Não serão descontadas nem computadas como jornada extraordinária as variações de horário no registro de ponto não excedentes de cinco minutos, observado o limite máximo de dez minutos diários. (Parágrafo incluído pela Lei n. 10.243, de 19.6.2001)

§ 2º O tempo despendido pelo empregado até o local de trabalho e para o seu retorno, por qualquer meio de transporte, não será computado na jornada de trabalho, salvo quando, tratando-se de local de difícil acesso ou não servido por transporte público, o empregador fornecer a condução. (Parágrafo incluído pela Lei n. 10.243, de 19.6.2001)

§ 3º Poderão ser fixados, para as microempresas e empresas de pequeno porte, por meio de acordo ou convenção coletiva, em caso de transporte fornecido pelo empregador, em local de difícil acesso ou não servido por transporte público, o tempo médio despendido pelo empregado, bem como a forma e a natureza da remuneração. (Incluído pela Lei Complementar n. 123, de 2006)

Art. 58-A. Considera-se trabalho em regime de tempo parcial aquele cuja duração não exceda a vinte e cinco horas semanais. (Incluído pela Medida Provisória n. 2.164-41, de 2001)

§ 1º O salário a ser pago aos empregados sob o regime de tempo parcial será proporcional à sua jornada, em relação aos empregados que cumprem, nas mesmas funções, tempo integral. (Incluído pela Medida Provisória n. 2.164-41, de 2001)

§ 2º Para os atuais empregados, a adoção do regime de tempo parcial será feita mediante opção manifestada perante a empresa, na forma prevista em instrumento decorrente de negociação coletiva. (Incluído pela Medida Provisória n. 2.164-41, de 2001)

Art. 59. A duração normal do trabalho poderá ser acrescida de horas suplementares, em número não excedente de 2 (duas), mediante acordo escrito entre empregador e empregado, ou mediante contrato coletivo de trabalho.

§ 1º Do acordo ou do contrato coletivo de trabalho deverá constar, obrigatoriamente, a importância da remuneração da hora suplementar, que será, pelo menos, 20% (vinte por cento) superior à da hora normal. (Vide CRFB, art. 7º, inciso XVI)

§ 2º Poderá ser dispensado o acréscimo de salário se, por força de acordo ou convenção coletiva de trabalho, o excesso de horas em um dia for compensado pela correspondente diminuição em outro dia, de maneira que não exceda, no período máximo de um ano, à soma das jornadas semanais de trabalho previstas, nem seja ultrapassado o limite máximo de dez horas diárias. (Redação dada pela Medida Provisória n. 2.164-41, de 2001)

§ 3º Na hipótese de rescisão do contrato de trabalho sem que tenha havido a compensação integral da jornada extraordinária, na forma do parágrafo anterior, fará o trabalhador jus ao pagamento das horas extras não compensadas, calculadas sobre o valor da remuneração na data da rescisão. (Incluído pela Lei n. 9.601, de 21.1.1998)

§ 4º Os empregados sob o regime de tempo parcial não poderão prestar horas extras. (Incluído pela Medida Provisória n. 2.164-41, de 2001)

Art. 60. Nas atividades insalubres, assim consideradas as constantes dos quadros mencionados no capítulo "Da Segurança e da Medicina do Trabalho", ou que neles venham a ser incluídas por ato do Ministro do Trabalho, Indústria e Comércio, quaisquer prorrogações só poderão ser acordadas mediante licença prévia das autoridades competentes em matéria de higiene do trabalho, as quais, para esse efeito, procederão aos necessários exames locais e à verificação dos métodos e processos de trabalho, quer diretamente, quer por intermédio de autoridades sanitárias federais, estaduais e municipais, com quem entrarão em entendimento para tal fim.

Art. 61. Ocorrendo necessidade imperiosa, poderá a duração do trabalho exceder do limite legal ou convencionado, seja para fazer face a motivo de força maior, seja para atender à realização ou conclusão de serviços inadiáveis ou cuja inexecução possa acarretar prejuízo manifesto.

§ 1º O excesso, nos casos deste artigo, poderá ser exigido independentemente de acordo ou contrato coletivo e deverá ser comunicado, dentro de 10 (dez) dias, à autoridade competente em matéria de trabalho, ou, antes desse prazo, justificado no momento da fiscalização sem prejuízo dessa comunicação.

§ 2º Nos casos de excesso de horário por motivo de força maior, a remuneração da hora excedente não será inferior à da hora normal. Nos demais casos de excesso previstos neste artigo, a remuneração será, pelo menos, 25% (vinte e cinco por cento) superior à da hora normal, e o trabalho não poderá exceder de 12 (doze) horas, desde que a lei não fixe expressamente outro limite.

§ 3º Sempre que ocorrer interrupção do trabalho, resultante de causas acidentais, ou de força maior, que determinem a impossibilidade de sua realização, a duração do trabalho poderá ser prorrogada pelo tempo necessário até o máximo de 2 (duas) horas, durante o número de dias indispensáveis à recuperação do tempo perdido, desde que não exceda de 10 (dez) horas diárias, em período não superior a 45 (quarenta e cinco) dias por ano, sujeita essa recuperação à prévia autorização da autoridade competente.

Art. 62. Não são abrangidos pelo regime previsto neste capítulo: (Redação dada pela Lei n. 8.966, de 27.12.1994)

I — os empregados que exercem atividade externa incompatível com a fixação de horário de trabalho, devendo tal condição ser anotada na Carteira de Trabalho e Previdência Social e no registro de empregados; (Incluído pela Lei n. 8.966, de 27.12.1994)

II — os gerentes, assim considerados os exercentes de cargos de gestão, aos quais se equiparam, para efeito do disposto neste artigo, os diretores e chefes de departamento ou filial. (Incluído pela Lei n. 8.966, de 27.12.1994)

Parágrafo único. O regime previsto neste capítulo será aplicável aos empregados mencionados no inciso II deste artigo, quando o salário do cargo de confiança, compreendendo a gratificação de função, se houver, for inferior ao valor do respectivo salário efetivo acrescido de 40% (quarenta por cento). (Incluído pela Lei n. 8.966, de 27.12.1994)

Art. 63. Não haverá distinção entre empregados e interessados, e a participação em lucros e comissões, salvo em lucros de caráter social, não exclui o participante do regime deste Capítulo.

Art. 64. O salário-hora normal, no caso de empregado mensalista, será obtido dividindo-se o salário mensal correspondente à duração do trabalho, a que se refere o art. 58, por 30 (trinta) vezes o número de horas dessa duração.

Parágrafo único. Sendo o número de dias inferior a 30 (trinta), adotar-se-á para o cálculo, em lugar desse número, o de dias de trabalho por mês.

Art. 65. No caso do empregado diarista, o salário-hora normal será obtido dividindo-se o salário diário correspondente à duração do trabalho, estabelecido no art. 58, pelo número de horas de efetivo trabalho.

Seção III
Dos Períodos de Descanso

Art. 66. Entre 2 (duas) jornadas de trabalho haverá um período mínimo de 11 (onze) horas consecutivas para descanso.

Art. 67. Será assegurado a todo empregado um descanso semanal de 24 (vinte e quatro) horas consecutivas, o qual, salvo motivo de conveniência pública ou necessidade imperiosa do serviço, deverá coincidir com o domingo, no todo ou em parte.

Parágrafo único. Nos serviços que exijam trabalho aos domingos, com exceção quanto aos elencos teatrais, será estabelecida escala de revezamento, mensalmente organizada e constando de quadro sujeito à fiscalização.

Art. 68. O trabalho em domingo, seja total ou parcial, na forma do art. 67, será sempre subordinado à permissão prévia da autoridade competente em matéria de trabalho.

Parágrafo único. A permissão será concedida a título permanente nas atividades que, por sua natureza ou pela conveniência pública, devem ser exercidas aos domingos, cabendo ao Ministro do Trabalho, Indústria e Comércio, expedir instruções em que sejam especificadas tais atividades. Nos demais casos, ela será dada sob forma transitória, com discriminação do período autorizado, o qual, de cada vez, não excederá de 60 (sessenta) dias.

Art. 69. Na regulamentação do funcionamento de atividades sujeitas ao regime deste Capítulo, os municípios atenderão aos preceitos nele estabelecidos, e as regras que venham a fixar não poderão contrariar tais preceitos nem as instruções que, para seu cumprimento, forem expedidas pelas autoridades competentes em matéria de trabalho.

Art. 70. Salvo o disposto nos arts. 68 e 69, é vedado o trabalho em dias feriados nacionais e feriados religiosos, nos têrmos da legislação própria. (Redação dada pelo Decreto-lei n. 229, de 28.2.1967)

Art. 71. Em qualquer trabalho contínuo, cuja duração exceda de 6 (seis) horas, é obrigatória a concessão de um intervalo para repouso ou alimentação, o qual será, no mínimo, de 1 (uma) hora e, salvo acordo escrito ou contrato coletivo em contrário, não poderá exceder de 2 (duas) horas.

§ 1º Não excedendo de 6 (seis) horas o trabalho, será, entretanto, obrigatório um intervalo de 15 (quinze) minutos quando a duração ultrapassar 4 (quatro) horas.

§ 2º Os intervalos de descanso não serão computados na duração do trabalho.

§ 3º O limite mínimo de uma hora para repouso ou refeição poderá ser reduzido por ato do Ministro do Trabalho, Indústria e Comércio, quando ouvido o Serviço de Alimentação de Previdência Social, se verificar que o estabelecimento atende integralmente às exigências concernentes à organização dos refeitórios, e quando os respectivos empregados não estiverem sob regime de trabalho prorrogado a horas suplementares.

§ 4º Quando o intervalo para repouso e alimentação, previsto neste artigo, não for concedido pelo empregador, este ficará obrigado a remunerar o período correspondente com um acréscimo de no mínimo 50% (cinquenta por cento) sobre o valor da remuneração da hora normal de trabalho. (Incluído pela Lei n. 8.923, de 27.7.1994)

Art. 72. Nos serviços permanentes de mecanografia (datilografia, escrituração ou cálculo), a cada período de 90 (noventa) minutos de trabalho consecutivo corresponderá um repouso de 10 (dez) minutos não deduzidos da duração normal de trabalho.

Seção IV
Do Trabalho Noturno

Art. 73. Salvo nos casos de revezamento semanal ou quinzenal, o trabalho noturno terá remuneração superior à do diurno e, para esse efeito, sua remuneração terá um acréscimo de 20% (vinte por cento), pelo menos, sobre a hora diurna. (Redação dada pelo Decreto-lei n. 9.666, 28.8.1946)

§ 1º A hora do trabalho noturno será computada como de 52 (cinquenta e dois) minutos e 30 (trinta) segundos. (Redação dada pelo Decreto-lei n. 9.666, 28.8.1946)

§ 2º Considera-se noturno, para os efeitos deste artigo, o trabalho executado entre as 22 (vinte e duas) horas de um dia e as 5 (cinco) horas do dia seguinte.(Redação dada pelo Decreto-lei n. 9.666, 28.8.1946)

§ 3º O acréscimo a que se refere o presente artigo, em se tratando de empresas que não mantêm, pela natureza de suas atividades, trabalho noturno habitual, será feito tendo em vista os quantitativos pagos por trabalhos diurnos de natureza semelhante. Em relação às empresas cujo trabalho noturno decorra da natureza de suas atividades, o aumento será calculado sobre o salário mínimo geral vigente na região, não sendo devido quando exceder desse limite, já acrescido da percentagem. (Redação dada pelo Decreto-lei n.9.666, 28.8.1946)

§ 4º Nos horários mistos, assim entendidos os que abrangem períodos diurnos e noturnos, aplica-se às horas de trabalho noturno o disposto neste artigo e seus parágrafos. (Redação dada pelo Decreto-lei n. 9.666, 28.8.1946)

§ 5º Às prorrogações do trabalho noturno aplica-se o disposto neste Capítulo. (Incluído pelo Decreto-lei n. 9.666, 28.8.1946)

Seção V
Do Quadro de Horário

Art. 74. O horário do trabalho constará de quadro, organizado conforme modelo expedido pelo Ministro do Trabalho, Indústria e Comércio, e afixado em lugar bem visível. Esse quadro será discriminativo no caso de não ser o horário único para todos os empregados de uma mesma seção ou turma.

§ 1º O horário de trabalho será anotado em registro de empregados com a indicação de acordos ou contratos coletivos porventura celebrados.

§ 2º Para os estabelecimentos de mais de dez trabalhadores será obrigatória a anotação da hora de entrada e de saída, em registro manual, mecânico ou eletrônico, conforme instruções a serem expedidas pelo Ministério do Trabalho, devendo haver pré-assinalação do período de repouso. (Redação dada pela Lei n. 7.855, de 24.10.1989)

§ 3º Se o trabalho for executado fora do estabelecimento, o horário dos empregados constará, explicitamente, de ficha ou papeleta em seu poder, sem prejuízo do que dispõe o § 1º deste artigo.

Seção VI
Das Penalidades

Art. 75. Os infratores dos dispositivos do presente Capítulo incorrerão na multa de cinquenta a cinco mil cruzeiros, segundo a natureza da infração, sua extensão e a intenção de quem a praticou, aplicada em dobro no caso de reincidência e oposição à fiscalização ou desacato à autoridade.

Parágrafo único. São competentes para impor penalidades, no Distrito Federal, a autoridade de 1ª instância do Departamento Nacional do Trabalho e, nos Estados e no Território do Acre, as autoridades regionais do Ministério do Trabalho, Indústria e Comércio.

4.3. Lei n. 5.811, de 11 de outubro de 1972

Publicada no DOU de 16.10.1972. *Dispõe sobre o regime de trabalho dos empregados nas atividades de exploração, perfuração, produção e refinação de petróleo, industrialização do xisto, indústria petroquímica e transporte de petróleo e seus derivados por meio de dutos.*

O PRESIDENTE DA REPÚBLICA, faço saber que o CONGRESSO NACIONAL decreta e eu sanciono a seguinte Lei:

Art. 1º O regime de trabalho regulado nesta lei é aplicável aos empregados que prestam serviços em atividades de exploração, perfuração, produção e refinação de petróleo, bem como na industrialização do xisto, na indústria petroquímica e no transporte de petróleo e seus derivados por meio de dutos.

Art. 2º Sempre que for imprescindível à continuidade operacional, o empregado será mantido em seu posto de trabalho em regime de revezamento.

§ 1º O regime de revezamento em turno de 8 (oito) horas será adotado nas atividades previstas no art. 1º, ficando a utilização do turno de 12 (doze) horas restrita às seguintes situações especiais:

a) atividades de exploração, perfuração, produção e transferência de petróleo do mar;

b) atividades de exploração, perfuração e produção de petróleo em áreas terrestres distantes ou de difícil acesso.

§ 2º Para garantir a normalidade das operações ou para atender a imperativos de segurança industrial, poderá ser exigida, mediante o pagamento previsto no item II do art. 3º, a disponibilidade do empregado no local de trabalho ou nas suas proximidades, durante o intervalo destinado a repouso e alimentação.

Art. 3º Durante o período em que o empregado permanecer no regime de revezamento em turno de 8 (oito) horas, ser-lhe-ão assegurados os seguintes direitos:

I — Pagamento do adicional de trabalho noturno na forma do art. 73 da Consolidação das Leis do Trabalho;

II — Pagamento em dobro da hora de repouso e alimentação suprimida nos termos do § 2º do art. 2º;

III — Alimentação gratuita, no posto de trabalho, durante o turno em que estiver em serviço;

IV — Transporte gratuito para o local de trabalho;

V — Direito a um repouso de 24 (vinte e quatro) horas consecutivas para cada 3 (três) turnos trabalhados.

Parágrafo único. Para os empregados que já venham percebendo habitualmente da empresa pagamento à conta de horas de repouso e alimentação ou de trabalho noturno, os respectivos valores serão compensados nos direitos a que se referem os itens I e II deste artigo.

Art. 4º Ao empregado que trabalhe no regime de revezamento em turno de 12 (doze) horas, ficam assegurados, além dos já previstos nos itens I, II, III e IV do art. 3º, os seguintes direitos:

I — Alojamento coletivo gratuito e adequado ao seu descanso e higiene;

II — Repouso de 24 (vinte e quatro) horas consecutivas para cada turno trabalhado.

Art. 5º Sempre que for imprescindível à continuidade operacional durante as 24 (vinte e quatro) horas do dia, o empregado com responsabilidade de supervisão das operações previstas no art. 1º, ou engajado em trabalhos de geologia de poço, ou, ainda, em trabalhos de apoio operacional às atividades enumeradas nas alíneas *a* e *b* do § 1º do art. 2º, poderá ser mantido no regime de sobreaviso.

§ 1º Entende-se por regime de sobreaviso aquele que o empregado permanece à disposição do empregador por um período de 24 (vinte quatro) horas para prestar assistência aos trabalhos normais ou atender as necessidades ocasionais de operação.

§ 2º Em cada jornada de sobreaviso, o trabalho efetivo não excederá de 12 (doze) horas.

Art. 6º Durante o período em que permanecer no regime de sobreaviso, serão assegurados ao empregado, além dos já previstos nos itens III e IV do art. 3º e I do art. 4º, os seguintes direitos:

I — Repouso de 24 (vinte quatro) horas consecutivas para cada período de 24 (vinte quatro) horas em que permanecer de sobreaviso;

II — Remuneração adicional correspondente a, no mínimo, 20% (vinte por cento) do respectivo salário-básico, para compensar a eventualidade de trabalho noturno ou a variação de horário para repouso e alimentação.

Parágrafo único. Considera-se salário-básico a importância fixa mensal correspondente à retribuição do trabalho prestado pelo empregado na jornada normal de trabalho, antes do acréscimo de vantagens, incentivos ou benefícios, a qualquer título.

Art. 7º A concessão de repouso na forma dos itens V do art. 3º, II do art. 4º e I do art. 6º quita a obrigação patronal relativa ao repouso semanal remunerado de que trata a Lei nº 605, de 5 de janeiro de 1949.

Art. 8º O empregado não poderá permanecer em serviço, no regime de revezamento previsto para as situações especiais de que tratam as alíneas " a " e " b " do § 1º do art. 2º, nem no regime estabelecido no art. 5º, por período superior a 15 (quinze) dias consecutivos.

Art. 9º Sempre que, por iniciativa do empregador, for alterado o regime de trabalho do empregado, com redução ou supressão das vantagens inerentes aos regimes instituídos nesta lei, ser-lhe-á assegurado o direito à percepção de uma indenização.

Parágrafo único. A indenização de que trata o presente artigo corresponderá a um só pagamento igual à média das vantagens previstas nesta lei, percebidas nos últimos 12 (doze) meses anteriores à mudança, para cada ano ou fração igual ou superior a 6 (seis) meses de permanência do regime de revezamento ou de sobreaviso.

Art. 10. A variação de horários, em escalas de revezamento diurno, noturno ou misto, será estabelecida pelo empregador com obediência aos preceitos desta lei.

Parágrafo único. Não constituirá alteração ilícita a exclusão do empregado do regime de revezamento, cabendo-lhe exclusivamente, nesta hipótese o pagamento previsto no art. 9º.

Art. 11. Os atuais regimes de trabalho, nas atividades previstas no art. 1º, bem como as vantagens a eles inerentes, serão ajustados às condições estabelecidas nesta lei, de forma que não ocorra redução de remuneração.

Parágrafo único. A aplicação do disposto neste artigo ao empregado que cumpra jornada inferior a 8 (oito) horas dependerá de acordo individual ou coletivo, assegurados, em tal caso, exclusivamente, os direitos constantes desta lei.

Art. 12. As disposições desta lei se aplicam a situações análogas, definidas em regulamento.

Art. 13. Esta Lei entrará em vigor na data de sua publicação, revogadas as disposições em contrário.

Brasília, 11 de outubro de 1972; 151º da Independência e 84º da República.

EMÍLIO G. MÉDICI

Júlio Barata

4.4. Portaria MTE n. 1.095, de 20 de maio de 2010

Disciplina os requisitos para a redução do intervalo intrajornada

O Ministro de Estado do Trabalho e Emprego, no uso da competência que lhe confere o art. 87, parágrafo único, incisos I e II da Constituição,

Resolve:

Art. 1º A redução do intervalo intrajornada de que trata o art. 71, § 3º, da Consolidação das Leis do Trabalho — CLT poderá ser deferida por ato de autoridade do Ministério do Trabalho e Emprego quando prevista em convenção ou acordo coletivo de trabalho, desde que os estabelecimentos abrangidos pelo seu âmbito de incidência atendam integralmente às exigências concernentes à organização dos refeitórios, e quando os respectivos empregados não estiverem sob regime de trabalho prorrogado a horas suplementares.

§ 1º Fica delegada, privativamente, aos Superintendentes Regionais do Trabalho e Emprego a competência para decidir sobre o pedido de redução de intervalo para repouso ou refeição.

§ 2º Os instrumentos coletivos que estabeleçam a possibilidade de redução deverão especificar o período do intervalo intrajornada.

§ 3º Não será admitida a supressão, diluição ou indenização do intervalo intrajornada, respeitado o limite mínimo de trinta minutos.

Art. 2º O pedido de redução do intervalo intrajornada formulado pelas empresas com fulcro em instrumento coletivo far-se-ão acompanhar de cópia deste e serão dirigidos ao Superintendente Regional do Trabalho e Emprego, com a individualização dos estabelecimentos que atendam os requisitos indicados no *caput* do art. 1º desta Portaria, vedado o deferimento de pedido genérico.

§ 1º Deverá também instruir o pedido, conforme modelo previsto no anexo desta Portaria, documentação que ateste o cumprimento, por cada estabelecimento, dos requisitos previstos no *caput* do art. 1º desta Portaria.

§ 2º O Superintendente Regional do Trabalho e Emprego poderá deferir o pedido formulado, independentemente de inspeção prévia, após verificar a regularidade das condições de trabalho nos estabelecimentos pela análise da documentação apresentada, e pela extração de dados do Sistema Federal de Inspeção do Trabalho, da Relação Anual de Informações Sociais — RAIS e do Cadastro Geral de Empregados e Desempregados — CAGED.

Art. 3º O ato de que trata o art. 1º desta Portaria terá a vigência máxima de dois anos e não afasta a competência dos agentes da Inspeção do Trabalho de verificar, a qualquer tempo, *in loco*, o cumprimento dos requisitos legais.

Parágrafo único. O descumprimento dos requisitos torna sem efeito a redução de intervalo, procedendo-se às autuações por descumprimento do previsto no *caput* do art. 71 da CLT, bem como das outras infrações que forem constatadas.

Art. 4º Esta portaria entra em vigor na data de sua publicação.

Art. 5º Revoga-se a Portaria nº 42, de 28 de março de 2007.

CARLOS ROBERTO LUPI

ANEXO

FORMULÁRIO DE REQUERIMENTO ADMINISTRATIVO PARA REDUÇÃO DE INTERVALO INTRAJORNADA NOS TERMOS DO ART. 71, § 3º, CLT.

Ao Senhor Superintendente Regional do Trabalho e Emprego,

_____ vem solicitar, com fulcro no instrumento
(IDENTIFICAÇÃO DO EMPREGADOR: NOME, CNPJ/CPF)

coletivo anexo, _____
(IDENTIFICAÇÃO DA CLÁUSULA QUE AUTORIZA EXPRESSAMENTE
A REDUÇÃO DO INTERVALO INTRAJORNADA),

seja deferido o pedido de redução do intervalo intrajornada dos empregados que prestam serviços no estabelecimento _____
(IDENTIFICAÇÃO DO ESTABELECIMENTO:
NOME E ENDEREÇO COMPLETO).

Para tanto, a Requerente declara, sob as penas da lei, que o estabelecimento identificado atende as condições fixadas no art. 71, § 3º, da CLT, relativas ao atendimento integral das exigências concernentes à organização dos refeitórios e da não submissão dos empregados que ali prestam serviços a regime de trabalho prorrogado a horas suplementares, conforme documentação comprobatória acostada.

4.5. Portaria n. 1.510, de 21 de setembro de 2009

O MINISTRO DE ESTADO DO TRABALHO E EMPREGO, no uso das atribuições que lhe conferem o inciso II do parágrafo único do art. 87 da Constituição Federal e os arts. 74, § 2º, e 913 da Consolidação das Leis do Trabalho, aprovada pelo Decreto-Lei n. 5.452, de 1º de maio de 1943, resolve:

Art. 1º Disciplinar o registro eletrônico de ponto e a utilização do Sistema de Registro Eletrônico de Ponto — SREP.

Parágrafo único. Sistema de Registro Eletrônico de Ponto — SREP — é o conjunto de equipamentos e programas informatizados destinado à anotação por meio eletrônico da entrada e saída dos trabalhadores das empresas, previsto no art. 74 da Consolidação das Leis do Trabalho — CLT, aprovada pelo Decreto-Lei n. 5.452, de 1º de maio de 1943.

Art. 2º O SREP deve registrar fielmente as marcações efetuadas, não sendo permitida qualquer ação que desvirtue os fins legais a que se destina, tais como:

I — restrições de horário à marcação do ponto;

II — marcação automática do ponto, utilizando-se horários predeterminados ou o horário contratual;

III — exigência, por parte do sistema, de autorização prévia para marcação de sobrejornada; e

IV — existência de qualquer dispositivo que permita a alteração dos dados registrados pelo empregado.

Art. 3º Registrador Eletrônico de Ponto — REP é o equipamento de automação utilizado exclusivamente para o registro de jornada de trabalho e com capacidade para emitir documentos fiscais e realizar controles de natureza fiscal, referentes à entrada e à saída de empregados nos locais de trabalho.

Parágrafo único. Para a utilização de Sistema de Registro Eletrônico de Ponto é obrigatório o uso do REP no local da prestação do serviço, vedados outros meios de registro.

Art. 4º O REP deverá apresentar os seguintes requisitos:

I — relógio interno de tempo real com precisão mínima de um minuto por ano com capacidade de funcionamento ininterrupto por um período mínimo de mil quatrocentos e quarenta horas na ausência de energia elétrica de alimentação;

II — mostrador do relógio de tempo real contendo hora, minutos e segundos;

III — dispor de mecanismo impressor em bobina de papel, integrado e de uso exclusivo do equipamento, que permita impressões com durabilidade mínima de cinco anos;

IV — meio de armazenamento permanente, denominado Memória de Registro de Ponto — MRP, onde os dados armazenados não possam ser apagados ou alterados, direta ou indiretamente;

V — meio de armazenamento, denominado Memória de Trabalho — MT, onde ficarão armazenados os dados necessários à operação do REP;

VI — porta padrão USB externa, denominada Porta Fiscal, para pronta captura dos dados armazenados na MRP pelo Auditor Fiscal do Trabalho;

VII — para a função de marcação de ponto, o REP não deverá depender de qualquer conexão com outro equipamento externo; e

VIII — a marcação de ponto ficará interrompida quando for feita qualquer operação que exija a comunicação do REP com qualquer outro equipamento, seja para carga ou leitura de dados.

Art. 5º Os seguintes dados deverão ser gravados na MT:

I — do empregador: tipo de identificador do empregador, CNPJ ou CPF; identificador do empregador; CEI, caso exista; razão social; e local da prestação do serviço; e

II — dos empregados que utilizam o REP: nome, PIS e demais dados necessários à identificação do empregado pelo equipamento.

Art. 6º As seguintes operações deverão ser gravadas de forma permanente na MRP:

I — inclusão ou alteração das informações do empregador na MT, contendo os seguintes dados: data e hora da inclusão ou alteração; tipo de operação; tipo de identificador do empregador, CNPJ ou CPF; identificador do empregador; CEI, caso exista; razão social; e local da prestação do serviço;

II — marcação de ponto, com os seguintes dados: número do PIS, data e hora da marcação;

III — ajuste do relógio interno, contendo os seguintes dados: data antes do ajuste, hora antes do ajuste, data ajustada, hora ajustada; e

IV — inserção, alteração e exclusão de dados do empregado na MT, contendo: data e hora da operação, tipo de operação, número do PIS e nome do empregado.

Parágrafo único. Cada registro gravado na MRP deve conter Número Sequencial de Registro — NSR, consistindo em numeração sequencial em incrementos unitários, iniciando-se em 1 na primeira operação do REP.

Art. 7º O REP deverá prover as seguintes funcionalidades:

I — marcação de ponto, composta dos seguintes passos:

a) receber diretamente a identificação do trabalhador, sem interposição de outro equipamento;

b) obter a hora do Relógio de Tempo Real;

c) registrar a marcação de ponto na MRP; e

d) imprimir o comprovante do trabalhador.

II — geração do Arquivo-Fonte de Dados — AFD, a partir dos dados armazenados na MRP;

III — gravação do AFD em dispositivo externo de memória, por meio da Porta Fiscal;

IV — emissão da Relação Instantânea de Marcações com as marcações efetuadas nas vinte e quatro horas precedentes, contendo:

a) cabeçalho com Identificador e razão social do empregador, local de prestação de serviço, número de fabricação do REP;

b) NSR;

c) número do PIS e nome do empregado; e

d) horário da marcação.

Art. 8º O registro da marcação de ponto gravado na MRP consistirá dos seguintes campos:

I — NSR;

II — PIS do trabalhador;

III — data da marcação; e

IV — horário da marcação, composto de hora e minutos.

Art. 9º O Arquivo-Fonte de Dados será gerado pelo REP e conterá todos os dados armazenados na MRP, segundo formato descrito no Anexo I.

Art. 10. O REP deverá atender aos seguintes requisitos:

I — não permitir alterações ou apagamento dos dados armazenados na Memória de Registro de Ponto;

II — ser inviolável de forma a atender aos requisitos do art. 2º;

III — não possuir funcionalidades que permitam restringir as marcações de ponto;

IV — não possuir funcionalidades que permitam registros automáticos de ponto; e

V — possuir identificação do REP gravada de forma indelével na sua estrutura externa, contendo CNPJ e nome do fabricante, marca, modelo e número de fabricação do REP.

Parágrafo único. O número de fabricação do REP é o número exclusivo de cada equipamento e consistirá na junção sequencial do número de cadastro do fabricante no MTE, número de registro do modelo no MTE e número série único do equipamento.

Art. 11. Comprovante de Registro de Ponto do Trabalhador é um documento impresso para o empregado acompanhar, a cada marcação, o controle de sua jornada de trabalho, contendo as seguintes informações:

I — cabeçalho contendo o título "Comprovante de Registro de Ponto do Trabalhador";

II — identificação do empregador contendo nome, CNPJ/CPF e CEI, caso exista;

III — local da prestação do serviço;

IV — número de fabricação do REP;

V — identificação do trabalhador contendo nome e número do PIS;

VI — data e horário do respectivo registro; e

VII — NSR.

§ 1º A impressão deverá ser feita em cor contrastante com o papel, em caracteres legíveis com a densidade horizontal máxima de oito caracteres por centímetro e o caractere não poderá ter altura inferior a três milímetros. (Redação dada pela Portaria n. 2.233, de 17 de novembro de 2009)

§ 2º O empregador deverá disponibilizar meios para a emissão obrigatória do Comprovante de Registro de Ponto do Trabalhador no momento de qualquer marcação de ponto.

Art. 12. O "Programa de Tratamento de Registro de Ponto" é o conjunto de rotinas informatizadas que tem por função tratar os dados relativos à marcação dos horários de entrada e saída, originários exclusivamente do AFD, gerando o relatório "Espelho de Ponto Eletrônico", de acordo com o Anexo II, o Arquivo-Fonte de Dados Tratados — AFDT e Arquivo de Controle de Jornada para Efeitos Fiscais — ACJEF, de acordo com o Anexo I.

Parágrafo único. A função de tratamento dos dados se limitará a acrescentar informações para complementar eventuais omissões no registro de ponto ou indicar marcações indevidas.

Art. 13. O fabricante do REP deverá se cadastrar junto ao Ministério do Trabalho e Emprego, e solicitar o registro de cada um dos modelos de REP que produzir.

Art. 14. Para o registro do modelo do REP no MTE o fabricante deverá apresentar "Certificado de Conformidade do REP à Legislação" emitido por órgão técnico credenciado e "Atestado Técnico e Termo de Responsabilidade" previsto no art. 17.

Art. 15. Qualquer alteração no REP certificado, inclusive nos programas residentes, ensejará novo processo de certificação e registro.

Art. 16. Toda a documentação técnica do circuito eletrônico, bem como os arquivos-fontes dos programas residentes no equipamento, deverão estar à disposição do Ministério do Trabalho e Emprego, Ministério Público do Trabalho e Justiça do Trabalho, quando solicitado.

Art. 17. O fabricante do equipamento REP deverá fornecer ao empregador usuário um documento denominado "Atestado Técnico e Termo de Responsabilidade" assinado pelo responsável técnico e pelo responsável legal pela empresa, afirmando expressamente que o equipamento e os programas nele embutidos atendem às determinações desta Portaria, especialmente que:

I — não possuem mecanismos que permitam alterações dos dados de marcações de ponto armazenados no equipamento;

II — não possuem mecanismos que restrinjam a marcação do ponto em qualquer horário;

III — não possuem mecanismos que permitam o bloqueio à marcação de ponto; e

IV — possuem dispositivos de segurança para impedir o acesso ao equipamento por terceiros.

§ 1º No "Atestado Técnico e Termo de Responsabilidade" deverá constar que os declarantes estão cientes das consequências legais, cíveis e criminais, quanto à falsa declaração, falso atestado e falsidade ideológica.

§ 2º O empregador deverá apresentar o documento de que trata este artigo à Inspeção do Trabalho, quando solicitado.

Art. 18. O fabricante do programa de tratamento de registro de ponto eletrônico deverá fornecer ao consumidor do seu programa um documento denominado "Atestado Técnico e Termo de Responsabilidade" assinado pelo responsável técnico pelo programa e pelo responsável legal pela empresa, afirmando expressamente que seu programa atende às determinações desta Portaria, especialmente que não permita:

I — alterações no AFD; e

II — divergências entre o AFD e os demais arquivos e relatórios gerados pelo programa.

§ 1º A declaração deverá constar ao seu término que os declarantes estão cientes das consequências legais, cíveis e criminais, quanto à falsa declaração, falso atestado e falsidade ideológica.

§ 2º Este documento deverá ficar disponível para pronta apresentação à Inspeção do Trabalho.

Art. 19. O empregador só poderá utilizar o Sistema de Registro Eletrônico de Ponto se possuir os atestados emitidos pelos fabricantes dos equipamentos e programas utilizados, nos termos dos arts. 17, 18, 26 e 30-A desta Portaria. (NR) (Redação dada pela Portaria n. 1.001 de 6.5.2010).

Art. 20. O empregador usuário do Sistema de Registro Eletrônico de Ponto deverá se cadastrar no MTE via internet informando seus dados, equipamentos e *softwares* utilizados.

Art. 21. O REP deve sempre estar disponível no local da prestação do trabalho para pronta extração e impressão de dados pelo Auditor Fiscal do Trabalho.

Art. 22. O empregador deverá prontamente disponibilizar os arquivos gerados e relatórios emitidos pelo "Programa de Tratamento de Dados do Registro de Ponto" aos Auditores Fiscais do Trabalho.

Art. 23. O MTE credenciará órgãos técnicos para a realização da análise de conformidade técnica dos equipamentos REP à legislação.

§ 1º Para se habilitar ao credenciamento, o órgão técnico pretendente deverá realizar pesquisa ou desenvolvimento e atuar nas áreas de Engenharia Eletrônica ou de Tecnologia da Informação e atender a uma das seguintes condições:

I — ser entidade da administração pública direta ou indireta; e

II — ser entidade de ensino, pública ou privada, sem fins lucrativos.

§ 2º O órgão técnico interessado deverá requerer seu credenciamento ao MTE mediante apresentação de:

I — documentação comprobatória dos requisitos estabelecidos no § 1º;

II — descrição detalhada dos procedimentos que serão empregados na análise de conformidade de REP, observando os requisitos estabelecidos pelo MTE;

III — cópia reprográfica de termo de confidencialidade celebrado entre o órgão técnico pretendente ao credenciamento e os técnicos envolvidos com a análise; e

IV — indicação do responsável técnico e do responsável pelo órgão técnico.

Art. 24. O órgão técnico credenciado:

I — deverá apresentar cópia reprográfica do termo de confidencialidade de que trata o inciso III do § 2º do art. 23, sempre que novo técnico estiver envolvido com o processo de análise de conformidade técnica do REP;

II — não poderá utilizar os serviços de pessoa que mantenha ou tenha mantido vínculo nos últimos dois anos com qualquer fabricante de REP, ou com o MTE; e

III — deverá participar, quando convocado pelo MTE, da elaboração de especificações técnicas para estabelecimento de requisitos para desenvolvimento e fabricação de REP, sem ônus para o MTE.

Art. 25. O credenciamento do órgão técnico poderá ser:

I — cancelado a pedido do órgão técnico;

II — suspenso pelo MTE por prazo não superior a noventa dias; e

III — cassado pelo MTE.

Art. 26. O "Certificado de Conformidade do REP à Legislação" será emitido pelo órgão técnico credenciado contendo no mínimo as seguintes informações:

I — declaração de conformidade do REP à legislação aplicada;

II — identificação do fabricante do REP;

III — identificação da marca e modelo do REP;

IV — especificação dos dispositivos de armazenamento de dados utilizados;

V — descrição do sistemas que garantam a inviolabilidade do equipamento e integridade dos dados armazenados;

VI — data do protocolo do pedido no órgão técnico;

VII — número sequencial do "Certificado de Conformidade do REP à Legislação" no órgão técnico certificador;

VIII — identificação do órgão técnico e assinatura do responsável técnico e do responsável pelo órgão técnico, conforme inciso IV do § 2º do art. 23; e

IX — documentação fotográfica do equipamento certificado.

Art. 27. Concluída a análise, não sendo constatada desconformidade, o órgão técnico credenciado emitirá "Certificado de Conformidade do REP à Legislação", nos termos do disposto no art. 26.

Art. 28. O descumprimento de qualquer determinação ou especificação constante desta Portaria descaracteriza o controle eletrônico de jornada, pois este não se prestará às finalidades que a Lei lhe destina, o que ensejará a lavratura de auto de infração com base no art. 74, § 2º, da CLT, pelo Auditor Fiscal do Trabalho.

Art. 29. Comprovada a adulteração de horários marcados pelo trabalhador ou a existência de dispositivos, programas ou sub-rotinas que permitam a adulteração dos reais dados do controle de jornada ou parametrizações e bloqueios na marcação, o Auditor Fiscal do Trabalho deverá apreender documentos e equipamentos, copiar programas e dados que julgar necessários para comprovação do ilícito.

§ 1º O Auditor Fiscal do Trabalho deverá elaborar relatório circunstanciado, contendo cópia dos autos de infração lavrados e da documentação apreendida.

§ 2º A chefia da fiscalização enviará o relatório ao Ministério Público do Trabalho e outros órgãos que julgar pertinentes.

Art. 30. O Ministério do Trabalho e Emprego criará os cadastros previstos nesta Portaria, com parâmetros definidos pela Secretaria de Inspeção do Trabalho — SIT.

Art. 30-A. Equipara-se ao fabricante nacional, para efeitos desta Portaria, o importador que legalmente introduzir no Brasil o equipamento REP. (Artigo introduzido pela Portaria n. 1.001 de 6.5.2010)

§ 1º Considera-se importador, para efeitos desta Portaria, o responsável pela introdução do equipamento REP no Brasil, pessoa jurídica regularmente constituída sob as leis brasileiras, apta a assumir as responsabilidades decorrentes da comercialização do produto e das determinações e especificações previstas nesta Portaria.

§ 2º O manual do usuário, o "Termo de Responsabilidade e Atestado Técnico", documentação técnica e as informações constantes no corpo do equipamento REP importado, deverão ser redigidos em língua portuguesa." (NR)

Art. 31. Esta Portaria entra em vigor na data de sua publicação, exceto quanto à utilização obrigatória do REP, que entrará em vigor após doze meses contados da data de sua publicação.

Nota: a Portaria n. 1.987, de 18 de agosto de 2010, alterou o prazo para o início da utilização obrigatória do Registrador Eletrônico de Ponto — REP para o dia 1º de março de 2011.

Parágrafo único. Enquanto não for adotado o REP, o Programa de Tratamento de Registro de Ponto poderá receber dados em formato diferente do especificado no Anexo I para o AFD, mantendo-se a integridade dos dados originais.

CARLOS ROBERTO LUPI

4.5.1. Portaria n. 1.510/09 — Anexo I — "Leiaute" dos arquivos

ANEXO I — Leiaute dos arquivos
(com as alterações introduzidas pela Portaria n. 2.233 de 2009)

1. Arquivo-Fonte de Dados — AFD

   Este arquivo é composto dos seguintes tipos de registro:

   1.1. Registro tipo "1" — Cabeçalho

Referência do campo	Posição	Tamanho	Tipo	Conteúdo
1	001-009	9	numérico	"000000000".
2	010-010	1	numérico	Tipo de registro, "1".
3	011-011	1	numérico	Tipo de identificador do empregador "1" para CNPJ ou "2" para CPF.
4	012-025	14	numérico	CNPJ ou CPF do empregador.
5	026-037	12	numérico	CEI do empregador, quando existir.
6	038-187	150	alfanumérico	Razão social ou nome do empregador.
7	188-204	17	numérico	Número de fabricação do REP.
8	205-212	8	numérico	Data inicial dos registros no arquivo no formato "ddmmaaaa".
9	213-220	8	numérico	Data final dos registros no arquivo no formato "ddmmaaaa".
10	221-228	8	numérico	Data de geração do arquivo no formato "ddmmaaaa".
11	229-232	4	numérico	Horário da geração do arquivo no formato "ddmmaaaa".

   1.2. Registro de inclusão ou alteração da identificação da empresa no REP

Referência do campo	Posição	Tamanho	Tipo	Conteúdo
1	001-009	9	numérico	NSR.
2	010-010	1	numérico	Tipo de registro, "2".
3	011-018	8	numérico	Data da gravação no formato "ddmmaaaa".
4	019-022	4	numérico	Horário da gravação no formato "ddmmaaaa".
5	023-023	1	numérico	Tipo de identificador do empregador "1" para CNPJ ou "2" para CPF.
6	024-037	14	numérico	CNPJ ou CPF do empregador.
7	038-049	12	numérico	CEI do empregador, quando existir.
8	050-199	150	alfanumérico	Razão social ou nome do empregador.
9	200-299	100	alfanumérico	Local de prestação de serviços.

1.3. Registro de marcação de ponto

Referência do campo	Posição	Tamanho	Tipo	Conteúdo
1	001-009	9	numérico	NSR.
2	010-010	1	alfanumérico	Tipo de registro, "3".
4	011-018	8	numérico	Data da marcação de ponto no formato "ddmmaaaa".
5	019-022	4	alfanumérico	Horário de marcação de ponto no formato "ddmmaaaa".
6	023-034	12	numérico	Número do PIS do empregado.

1.4. Registro de ajuste do relógio de tempo real do REP

Referência do campo	Posição	Tamanho	Tipo	Conteúdo
1	001-009	9	numérico	NSR.
2	010-010	1	numérico	Tipo de registro, "4".
4	011-018	8	numérico	Data antes do ajuste no formato "ddmmaaaa".
5	019-022	4	numérico	Horário antes do ajuste no formato "ddmmaaaa".
6	023-030	8	numérico	Data ajustada no formato "ddmmaaaa".
7	031-034	4	numérico	Horário ajustado no formato "ddmmaaaa".

1.5. Registro de inclusão, alteração ou exclusão de empregado da MT no REP

Referência do campo	Posição	Tamanho	Tipo	Conteúdo
1	001-009	9	numérico	NSR.
2	010-010	1	numérico	Tipo de registro, "5".
4	011-018	8	numérico	Data da gravação do registro no formato "ddmmaaaa".
5	019-022	4	numérico	Horário da gravação do registro no formato "ddmmaaaa".
6	023-023	1	alfanumérico	Tipo de operação: "I" para inclusão, "A" para alteração e "E" para exclusão.
7	024-035	12	numérico	Número do PIS do empregado.
8	036-087	52	alfanumérico	Nome do empregado.

1.6. Trailer

Referência do campo	Posição	Tamanho	Tipo	Conteúdo
1	001-009	9	numérico	"999999999".
2	010-018	9	numérico	Quantidade de registros tipo "2" no arquivo.
3	019-027	9	numérico	Quantidade de registros tipo "3" no arquivo.
4	028-036	9	numérico	Quantidade de registros tipo "4" no arquivo.
5	037-045	9	numérico	Quantidade de registros tipo "5" no arquivo.
6	046-046	1	numérico	Tipo de registro, "9".

2. Arquivo-Fonte de Dados Tratado — AFDT

Este arquivo é composto dos seguintes tipos de registro:

2.1. Registro tipo "1" — Cabeçalho

Referência do campo	Posição	Tamanho	Tipo	Conteúdo
1	001-009	9	numérico	"000000000".
2	010-010	1	numérico	Tipo de registro, "1".
3	011-011	1	numérico	Tipo de identificador do empregador "1" para CNPJ ou "2" para CPF.
4	012-025	14	numérico	CNPJ ou CPF do empregador.
5	026-037	12	numérico	CEI do empregador, quando existir.
6	038-187	150	alfanumérico	Razão social ou nome do empregador.
7	188-195	8	numérico	Data inicial dos registros no arquivo no formato "ddmmaaaa".
8	196-203	8	numérico	Data final dos registros no arquivo no formato "ddmmaaaa".
9	204-211	8	numérico	Data de geração do arquivo no formato "ddmmaaaa".
10	212-215	4	numérico	Horário da geração do arquivo no formato "ddmmaaaa".

2.2. Registros do tipo DETALHE

Referência do campo	Posição	Tamanho	Tipo	Conteúdo
1	001-009	9	numérico	Sequencial do registro no arquivo.
2	010-010	1	numérico	Tipo do registro, "2".
3	011-011	1	numérico	Data da marcação do ponto no formato "ddmmaaaa".

Referência do campo	Posição	Tamanho	Tipo	Conteúdo
4	019-022	4	numérico	Horário da marcação do ponto no formato "ddmmaaaa".
5	023-034	12	numérico	Número do PIS do empregado.
6	035-051	17	numérico	Número de fabricação do REP onde foi feito o registro.
7	052-052	1	alfanumérico	Tipo de marcação: "E" para Entrada, "S" para Saída" ou "D" para registro a ser Desconsiderado.
8	053-054	2	numérico	Número sequencial por empregado e jornada para o conjunto Entrada/Saída. *Vide* observação.
9	055-055	1	alfanumérico	Tipo de registro: "O" para registro eletrônico Original, "I" para registro Incluído por digitação, "P" para intervalo Pré-assinalado.
10	056-155	100	alfanumérico	Motivo: campo a ser preenchido, se o Campo 7 for "D" ou se o Campo 9 for "I".

a. Todos os registros de marcação (tipo "3") contidos em AFD devem estar em AFDT;

b. Se uma marcação for feita incorretamente de forma que deva ser desconsiderada, esse registro deverá ter o campo 7 assinalado com "D" e o campo 10 deve ser preenchido com o motivo;

c. Se alguma marcação deixar de ser realizada, o registro incluído deverá ter o campo 9 assinalado com "I"; neste caso, também deverá ser preenchido o campo 10 com o motivo;

d. A todo registro com o campo 7 assinalado com "E" para um determinado empregado e jornada deve existir obrigatoriamente outro registro assinalado com "S", do mesmo empregado e na mesma jornada, contendo ambos o mesmo "número sequencial de tipo de marcação" no campo;

e. Para cada par de registros Entrada/Saída (E/S) de cada empregado em uma jornada, deve ser atribuído um número sequencial, no campo 8, de forma que se tenha nos campos 7 e 8 desses registros os conteúdos "E1"/"S1", "E2"/"S2", "E3"/"S3" e assim sucessivamente até o último par "E"/"S" da jornada; e

f. O arquivo gerado deve conter todos os registros referentes às jornadas que se iniciam na "data inicial" e que se completem até a "data final", respectivamente campos 7 e 8 do registro tipo "1", cabeçalho.

2.3. Trailer

Referência do campo	Posição	Tamanho	Tipo	Conteúdo
1	001-009	9	numérico	Sequencial do registro no arquivo.
2	010-018	9	numérico	Tipo do registro, "9".

3. Arquivo de Controle de Jornada para Efeitos Fiscais — ACJEF

Este arquivo é composto dos seguintes tipos de registro:

3.1. Registro tipo "1" — Cabeçalho

Referência do campo	Posição	Tamanho	Tipo	Conteúdo
1	001-009	9	numérico	Sequencial do registro no arquivo.
2	010-010	1	numérico	Tipo de registro, "1".
3	011-011	1	numérico	Tipo de identificador do empregador "1" para CNPJ ou "2" para CPF.
4	012-025	14	numérico	CNPJ ou CPF do empregador.
5	026-037	12	numérico	CEI do empregador, quando existir.
6	038-187	150	alfanumérico	Razão social ou nome do empregador.
7	188-195	8	numérico	Data inicial dos registros no arquivo no formato "ddmmaaaa".
8	196-203	8	numérico	Data final dos registros no arquivo no formato "ddmmaaaa".
8	204-211	8	numérico	Data de geração do arquivo no formato "ddmmaaaa".
9	212-215	4	numérico	Horário da geração do arquivo no formato "ddmmaaaa".

3.2. Horários contratuais

Referência do campo	Posição	Tamanho	Tipo	Conteúdo
1	001-009	9	numérico	Sequencial do registro no arquivo.
2	010-010	1	numérico	Tipo do registro, "2".
3	011-014	4	numérico	Código do horário (CH) no formato "nnnn".
4	015-018	4	numérico	Entrada no formato "hhmm".
5	019-022	4	numérico	Saída no formato "hhmm".
6	023-026	4	numérico	Início do intervalo no formato "hhmm".
7	027-030	4	numérico	Fim do intervalo no formato "hhmm".

"a. Nestes registros estarão listados todos os horários contratuais praticados pelos empregados. Cada horário será único e identificado por um código numérico iniciando por "0001", campo 3.

b. Os campos 4 e 5 indicam, respectivamente, o início e o fim da jornada.

c. Os campos 6 e 7 contêm, respectivamente, o início e o final do intervalo para repouso/alimentação, quando houver.

d. Caso existam horários com mais de um intervalo para repouso/alimentação, que não façam parte da duração da jornada, deverão ser inseridos, após a posição 30, campos adicionais indicando o início e o fim de cada um desses intervalos suplementares, no mesmo formato dos campos 6 e 7. Por exemplo, caso um horário contratual contenha dois intervalos, além dos campos acima descritos, existirão os campos 8 e 9 contendo, respectivamente, o início e o final do segundo intervalo."

3.3. Detalhe

Referência do campo	Posição	Tamanho	Tipo	Conteúdo
1	001-009	9	numérico	Sequencial do registro no arquivo.
2	010-010	1	numérico	Tipo do registro, "3".
3	011-022	12	numérico	Número do PIS do empregado.
4	023-030	8	numérico	Data de início da jornada no formato "ddmmaaaa".
5	031-034	4	numérico	Primeiro horário de entrada da jornada no formato "ddmmaaaa".
6	035-038	4	numérico	Código de horário (CH) previsto para a jornada no formato "nnnn".
7	039-042	4	numérico	Horas diurnas não extraordinárias no formato "hhmm".
8	043-046	4	numérico	Horas noturnas não extraordinárias no formato "hhmm".
9	047-050	4	numérico	Horas extras 1 no formato "hhmm".
10	051-054	4	numérico	Percentual do adicional de horas extras 1, em que as três primeiras posições indicam a parte inteira e, a seguinte, a fração decimal.
11	055-055	1	alfanumérico	Modalidade de hora extra 1, assinalada com "D" se as horas extras forem diurnas e "N" se forem noturnas.
12	056-059	4	numérico	Horas extras 2 no formato "hhmm".
13	060-063	4	numérico	Percentual do adicional de horas extras 2, em que as três primeiras posições indicam a parte inteira e, a seguinte, a fração decimal.
14	064-064	1	alfanumérico	Modalidade de hora extra 2, assinalada com "D" se as horas extras forem diurnas e "N" se forem noturnas.
15	065-068	4	numérico	Horas extras 3 no formato "hhmm".
16	069-072	4	numérico	Percentual do adicional de horas extras 3, em que as 3 primeiras posições indicam a parte inteira e, a seguinte, a fração decimal.

Referência do campo	Posição	Tamanho	Tipo	Conteúdo
17	073-073	4	numérico	Modalidade de hora extra 3, assinalada com "D" se as horas extras forem diurnas e "N" se forem noturnas.
18	074-077	4	numérico	Horas extras 4 no formato "hhmm".
19	078-081	4	numérico	Percentual do adicional de horas extras 4, em que as três primeiras posições indicam a parte inteira e, a seguinte, a fração decimal.
20	082-082	1	alfanumérico	Modalidade de hora extra 4, assinalada com "D" se as horas extras forem diurnas e "N" se forem noturnas.
21	083-086	4	numérico	Horas de faltas e/ou atrasos.
22	087-087	1	numérico	Sinal de horas para compensar: "1" se forem horas a maior e "2" se forem horas a menor.
23	088-091	4	numérico	Saldo de horas para compensar no formato "hhmm".

a. Cada registro se refere a uma jornada completa.

b. Existem quatro conjuntos de campos HORAS EXTRAS/PERCENTUAL DO ADICIONAL/ MODALIDADE DA HORA EXTRA para serem utilizados nas situações em que haja previsão em acordo/convenção de percentuais diferentes para uma mesma prorrogação (exemplo: até as 20h, adicional de 50%; a partir das 20h, adicional de 80%).

c. Caso existam horas extras efetuadas, parte na modalidade diurna e parte na modalidade noturna, cada período deve ser assinalado separadamente.

d. No campo 23, "Saldo de horas para compensar", a quantidade de horas noturnas deve ser assinalada com a redução prevista no § 1º do art. 73 da CLT.

3.4. Trailer

Referência do campo	Posição	Tamanho	Tipo	Conteúdo
1	001-009	9	numérico	Sequencial do registro no arquivo.
2	010-010	1	numérico	Tipo do registro, "9".

4.5.2. Portaria n. 1.510/09 — Anexo II — Modelo do Relatório Espelho de Ponto

RELATÓRIO ESPELHO DE PONTO ELETRÔNICO

Empregador: (identificador e nome)
Endereço: (endereço do local de prestação de serviço)
Empregado: (número do PIS e nome)
Admissão: (data de admissão do empregado)
Relatório emitido em: (data de emissão do relatório)

Horários contratuais do empregado:

Código de Horário (CH)	Entrada	Saída	Entrada	Saída
nnnnn	hh:mm	hh:mm	hh:mm	hh:mm
nnnnn	hh:mm	hh:mm	hh:mm	hh:mm
nnnnn	hh:mm	hh:mm	hh:mm	hh:mm
...	...	...	...	...
...	...	...	...	...
...	...	...	...	...

Horários contratuais do empregado:

Dia	Marcações registradas no ponto eletrônico	Jornada realizada						CH	Tratamentos efetuados sobre os dados originais		
		Entrada	Saída	Entrada	Saída	Entrada	Saída		Horário	Ocor.	Motivo
dd	hh:mm hh:mm hh:mm hh:mm	hh:mm	hh:mm	hh:mm	hh:mm	hh:mm	hh:mm	nnnnn	hh:mm	I/D/P	
									hh:mm	I/D/P	
									hh:mm	I/D/P	
dd	hh:mm hh:mm hh:mm hh:mm	hh:mm	hh:mm	hh:mm	hh:mm	hh:mm	hh:mm	nnnnn	...	...	...
									...	...	...
									...	...	...
dd	hh:mm hh:mm hh:mm hh:mm	hh:mm	hh:mm	hh:mm	hh:mm	hh:mm	hh:mm	nnnnn	hh:mm	I/D/P	
dd	hh:mm hh:mm hh:mm hh:mm	hh:mm	hh:mm	hh:mm	hh:mm	hh:mm	hh:mm	nnnnn	hh:mm	I/D/P	
dd	hh:mm hh:mm hh:mm hh:mm	hh:mm	hh:mm	hh:mm	hh:mm	hh:mm	hh:mm	nnnnn	hh:mm	I/D/P	
dd	hh:mm hh:mm hh:mm hh:mm	hh:mm	hh:mm	hh:mm	hh:mm	hh:mm	hh:mm	nnnnn	hh:mm	I/D/P	
dd	hh:mm hh:mm hh:mm hh:mm	hh:mm	hh:mm	hh:mm	hh:mm	hh:mm	hh:mm	nnnnn	hh:mm	I/D/P	
dd	hh:mm hh:mm hh:mm hh:mm	hh:mm	hh:mm	hh:mm	hh:mm	hh:mm	hh:mm	nnnnn	hh:mm	I/D/P	
...	...	...	...	...	...	...	...	...	...	...	...
...	...	...	...	...	...	...	...	...	...	...	...
...	...	...	...	...	...	...	...	...	...	...	...

a. Preencher a coluna "Dia" com a data em que foram marcados os horários.

b. Preencher a coluna "Marcações registradas no ponto eletrônico" com todos os horários existentes no arquivo original na linha relativa à data em que foi efetuada a marcação.

c. Na coluna "Jornada realizada", preencher com os horários tratados (originais, incluídos ou pré-assinalados), observando sempre o par "Entrada/Saída". Quando uma jornada de trabalho iniciar em um dia e terminar no dia seguinte, utilizar duas linhas para a mesma jornada. Para a entrada da jornada seguinte, utilizar outra linha, mesmo que ocorra na mesma data. Neste caso, a data será repetida.

d. Preencher a coluna "CH" com o código do horário contratual.

e. Na coluna "Tratamentos efetuados sobre os dados originais", preencher o campo "Horário" com o horário tratado e o campo "Ocor." (ocorrência) com "D" quando o horário for desconsiderado, "I" quando o horário for incluído e "P" quando houver a pré-assinalação do período de repouso. O campo "Motivo" deve ser preenchido com um texto que expresse a motivação da inclusão ou desconsideração de cada horário marcado com ocorrência "I" ou "D". Não preencher o campo "Motivo" quando o campo "Ocor." for preenchido com "P".

4.6. Portaria n. 1.987, de 18 de agosto de 2010

Altera o prazo para o início da obrigatoriedade do Registrador Eletrônico de Ponto — REP, previsto na Portaria/MTE n. 1.510, de 21 de agosto de 2009.

O MINISTRO DE ESTADO DO TRABALHO E EMPREGO, no uso das atribuições que lhe conferem o inciso II do parágrafo único do art. 87 da Constituição Federal e os arts. 74, § 2º, e 913 da Consolidação das Leis do Trabalho, aprovada pelo Decreto-Lei n. 5.452, de 1º de maio de 1943, considerando a crescente demanda de equipamentos REP — Registrador Eletrônico de Ponto no mercado nacional, resolve:

Art. 1º Alterar o prazo para o início da utilização obrigatória do Registrador Eletrônico de Ponto — REP, previsto no art. 31 da Portaria n. 1.510, de 21 de agosto de 2009, para o dia 1º de março de 2011.

Art. 2º Esta Portaria entra em vigor na data de sua publicação.

CARLOS ROBERTO LUPI

BIBLIOGRAFIA

BARROS, Alice Monteiro de. *Curso de direito do trabalho*. 2. ed. São Paulo: LTr, 2006.

BRASIL. CRFB — *Constituição da República Federativa do Brasil*, DOU 191-A, de 5.10.1988.

BRASIL. CLT — *Consolidação das Leis do Trabalho*, Decreto-Lei n. 5.452, de 1943.

CARRION, Valentin. *Comentários à Consolidação das Leis do Trabalho*. São Paulo: Saraiva, 2003.

COSTA, Armando Casimiro; FERRARI, Irany; VIEITES, Maria Vitória Breda. *Consolidação das Leis do Trabalho*. 18. ed. São Paulo: LTr, 1993.

DELGADO, Mauricio Godinho. *Curso de direito do trabalho*. 9. ed. São Paulo: LTr, 2010.

GIUSTINIANI, M. L´orario e i riposi di lavoro, in Trattato, de Borsi e Pergolesi. vol. II, p. 178. In: GOMES, Orlando; GOTTSCHALK, Élson. *Curso de direito do trabalho*. 1. ed. Rio de Janeiro: Forense, 1991.

GOMES, Orlando. *Curso de direito do trabalho*. 1. ed. Rio de Janeiro: Forense, 1991.

GUÉRIOS, Henriette Cordeiro. Obrigatoriedade da participação dos sindicatos nas negociações coletivas de trabalho; direitos e obrigações. In: VILLATORE, Marco Antônio César (org.); HASSON, Roland (org.). *Direito constitucional do trabalho* — Vinte anos depois. Curitiba: Juruá, 2008.

HINZ, Henrique Macedo. *Direito coletivo do trabalho*. São Paulo: Saraiva, 2005.

HOUAISS, Antonio. *Dicionário eletrônico*. Rio de Janeiro: Objetiva, 2002. CD-ROM.

JORGE NETO, Francisco Ferreira; CAVALCANTE, Jouberto de Quadros Pessoa. *Direito do trabalho*. T. I., 4. ed. Rio de Janeiro: Lumen Juris, 2008.

NASCIMENTO, Amauri Mascaro. *Curso de direito do trabalho*: história e teoria geral do direito do trabalho: relações individuais e coletivas do trabalho. 21. ed. rev. e atual. São Paulo: Saraiva, 2006.

SILVA, De Plácido e. *Vocabulário jurídico*. vol. II. Rio de Janeiro: Forense, 1982.

SÜSSEKIND, Arnaldo; MARANHÃO, Délio; VIANNA, Segadas. *Instituições de Direito do Trabalho*. vol. II. Rio de Janeiro: Freitas Bastos, 1981.

SÜSSEKIND, Arnaldo. *Direito constitucional do trabalho*. Rio de Janeiro: Renovar, 1999.

TEIXEIRA FILHO, João de Lima. *Instituições do direito do trabalho*. vol. II, 16. ed. São Paulo: LTr, 1996.

SITES

<http://aplicacao.tst.jus.br/consultaunificada2/juris>.

<http://brs02.tst.jus.br/>.

<http://www.mte.gov.br/legislacao/>.

<http://www.senado.gov.br/legislacao/const/>.

Produção Gráfica e Editoração Eletrônica: RLUX
Projeto de capa: FÁBIO GIGLIO
Impressão: PROL GRÁFICA E EDITORA